DEUTSCHE
BIBEL
GESELLSCHAFT

Du bist ein Gott, der mich sieht

Hoffnungsvolle Texte aus der Bibel

Die Deutsche Bibelgesellschaft ist eine kirchliche Stiftung öffentlichen Rechts. Sie übersetzt die biblischen Schriften, entwickelt und verbreitet innovative Bibelausgaben und eröffnet für alle Menschen Zugänge zur Botschaft der Bibel. International verantwortet sie die wissenschaftlichen Bibelausgaben in den Ursprachen. Durch die Weltbibelhilfe unterstützt sie in Zusammenarbeit mit dem Weltverband der Bibelgesellschaften (United Bible Societies) weltweit die Übersetzung und Verbreitung der Bibel, damit alle Menschen die Bibel in ihrer Sprache lesen können.

Weitere Informationen finden Sie unter www.die-bibel.de.

ISBN 978-3-438-04837-0

Du bist ein Gott, der mich sieht – Hoffnungsvolle Texte aus der Bibel

Lektorat: Christiane Herrlinger
Layout und Satz: Deutsche Bibelgesellschaft
Druck und Bindearbeiten: Livonia Print, Riga

Printed in Latvia

Inhaltsverzeichnis

Würdigung einer Herabgewürdigten
1. Mose/Genesis 16,1-16 ... 7

Kampf und Stille
2. Mose/Exodus 14,10-14 ... 11

Der Schritt ins Unbekannte
2. Mose/Exodus 16,1-18 ... 15

Bileam und die Eselin
4. Mose/Numeri 22,22-28a.30-32 ... 19

Ermutigung vor der großen Aufgabe
Josua 1,1-9 ... 23

Fülle des Lebens im Augenblick der Leere
1. Könige 19,1-8 ... 27

Ein feines, sanftes Flüstern
1. Könige 19,8-18 ... 31

Im Angesicht des Todes
2. Könige 20,1-11 ... 35

Warum tust du mir das an?
Hiob 19,1-14.17-29 + Hiob 42,1-7.10 ... 39

Warum?
Psalm 22,1-16.20-22 ... 45

Denn du bist an meiner Seite!
Psalm 23 ... 49

Gott ist unsere Zuflucht
Psalm 62,2-13 ... 53

Weiter Himmel über dem versperrten Weg
Psalm 121,1-8 ... 57

Zweisamkeit in der Einsamkeit
Psalm 139,7-12 ... 61

Hoffnung trotz tiefster Not
Klagelieder 3,15-23.31-33 ... 65

Hier und jetzt
Kohelet/Prediger 3,1-8.11.13 ... 69

... verleiht Flügel
Jesaja 40,27-31 ... 73

Was heißt hier Glück?
Matthäus 5,1-9 ... 77

Fürsorge in den Sorgen des Alltags
Matthäus 6,24-34 81

Ruhe im Sturm
Markus 4,35-41 85

Heilung an Leib und Seele
Markus 5,21-43 89

Von allen verlassen
Markus 15,33-41 93

Leere und Licht
Markus 16,1-8 97

Das Wunder der Geburt
Lukas 1,39-56 101

Bist du bereit für ein Wunder?
Lukas 2,1-20 105

Hingabe
Lukas 7,36-50 109

Gedanken-los
Lukas 10,38-42 113

Ich bin nicht wichtig – oder doch?
Lukas 15,1-7 117

Helfen und um Hilfe bitten
Lukas 18,35-43 121

Durst nach Leben, Sinn und Gottes neuer Welt
Johannes 4,5-15 125

Leid und Liebe
Römer 5,1-5 129

Zerbrechlichkeit und Stärke
2. Korinther 4,6-11 133

Kraft in der Schwäche
2. Korinther 12,1-10 137

Einander achten
Philipper 2,1-11 141

Schuld loslassen – Liebe leben
1. Johannes 3,18-24 145

Trost in der Traurigkeit
Offenbarung 21,1-4 149

Autorinnen und Autoren 152

Würdigung einer
Herabgewürdigten

Würdigung einer Herabgewürdigten

Gott sieht nach mir.

Überall dort, wo Menschen zusammen leben oder arbeiten, müssen sie sich darüber verständigen, wie sie ihre gemeinsamen Ziele erreichen können. Kommt es zum Konflikt, stellt sich die Frage, wie mit den unterschiedlichen Interessen auf hilfreiche Weise umgegangen werden kann. Denn dort, wo Konflikte eskalieren, tragen die Konfliktpartner nicht selten seelische Verletzungen davon – sei es, dass sie sich nicht richtig verstanden oder gesehen fühlen, sei es, dass sie sich ausgegrenzt und entwürdigt fühlen. Genauso wie Verletzungen, die durch körperliche Gewalt entstehen, spüren die Betroffenen diese Wunden häufig noch lange nach der unmittelbaren Situation eines eskalierten Konflikts.

Mit Hagar stellt der folgende Text eine Frau vor, die als Magd in eine heftige Auseinandersetzung mit ihrer Herrin Sarai gerät. Im Verlauf des Konflikts fühlt Hagar sich von Sarai derart herabwürdigend behandelt, dass sie keinen anderen Ausweg weiß als die Flucht. Doch Flucht ist nicht die einzige Möglichkeit, die sich im Umgang mit einem familiären Konflikt bietet. Vielmehr eröffnet sich durch Gottes nachgehende Zuwendung und seine Mut machenden Zusagen eine neue und überraschende Perspektive. So wird es möglich, sich der Auseinandersetzung zu stellen, dabei für die eigenen Interessen einzutreten und gemeinsam Ziele zu verfolgen.

Abrahams Sohn Ismael wird geboren

16 [1] Abrams Frau Sarai hatte keine Kinder bekommen.
Sie hatte eine ägyptische Magd, die hieß Hagar.
[2] Sarai sagte zu Abram:
»Der HERR hat mir Kinder verweigert.
Geh doch zu meiner Magd!
Vielleicht kann ich durch sie ein Kind bekommen.«
Abram hörte auf Sarai.
[3] So gab Sarai ihrem Mann Abram
ihre ägyptische Magd Hagar zur Nebenfrau.
Abram wohnte damals schon zehn Jahre im Land Kanaan.
[4] Er schlief mit Hagar, und sie wurde schwanger.
Als sie merkte, dass sie schwanger war,
sah sie auf ihre Herrin herab.
[5] Da sagte Sarai zu Abram:
»Mir geschieht Unrecht, und du bist schuld.
Ich war es doch,
die dir meine Magd gegeben hat.
Kaum ist sie schwanger, sieht sie auf mich herab.
Der HERR soll zwischen dir und mir entscheiden!«
[6] Abram antwortete Sarai:
»Sie ist deine Magd und in deiner Hand.
Mach mit ihr, was du für richtig hältst.«
Daraufhin behandelte Sarai ihre Magd so schlecht,
dass diese ihr davonlief.

[7] Ein Engel des HERRN fand Hagar
an einer Wasserquelle in der Wüste.
Sie war am Brunnen auf dem Weg nach Schur.
[8] Der Engel fragte: »Hagar, du Magd Sarais,
wo kommst du her und wo gehst du hin?«
Sie antwortete:
»Ich bin auf der Flucht vor meiner Herrin Sarai.«
[9] Da sagte der Engel des HERRN zu ihr:
»Kehre zu deiner Herrin zurück
und ordne dich ihr unter!«

10 Weiter sagte der Engel des HERRN zu ihr:
»Ich werde deine Nachkommen so zahlreich machen,
dass man sie nicht zählen kann.«
11 Der Engel des HERRN fügte hinzu:
»Du bist schwanger
und wirst einen Sohn zur Welt bringen.
Den sollst du Ismael, ›Gott hat gehört‹, nennen.
Denn der HERR hat dich gehört,
als du ihm deine Not geklagt hast.
12 Dein Sohn wird heimatlos sein wie ein Wildesel.
Er wird mit allen im Streit liegen
und getrennt von seinen Brüdern wohnen.«

13 Hagar gab dem HERRN, der mit ihr geredet hatte,
den Namen El-Roi, das heißt: Gott sieht nach mir.
Denn sie hatte gesagt:
»Hier habe ich den gesehen, der nach mir sieht.«
14 Darum nannte man den Brunnen Beer-Lahai-Roi,
das heißt: Brunnen des Lebendigen, der nach mir sieht.
Er liegt zwischen Kadesch und Bered.

15 Hagar brachte Abrams Sohn zur Welt.
Er nannte den Sohn, den Hagar geboren hatte, Ismael.
16 Abram war 86 Jahre alt,
als Hagar Ismael zur Welt brachte.

Kampf und Stille

Kampf und Stille

Fürchtet euch nicht! Stellt euch auf und seht, wie der Herr euch heute retten wird! ... Der Herr wird für euch kämpfen. Ihr aber sollt still sein.

Die Bibel ist ein »Tagebuch der Menschheit«, und so geht es gleich im zweiten Buch der Bibel um die Freiheit für ein ganzes Volk: im Auszug aus Ägypten. Diese Geschichte der Befreiung ist zugleich eine »Revolution der Alten Welt«, weil hier ein ganz neues Verhältnis zu Gott und zur Welt beginnt.
Aber alles beginnt zunächst anders als erwartet. Israel wird bedroht vom mächtigeren, hochgerüsteten Gegner. Es wird verfolgt und scheint keine Chance zu haben. Panik bricht darum aus, Vorwürfe werden laut, Ängste kommen hoch. Hätten wir doch bloß alles beim Alten gelassen, wären wir in der Herrschaft der Zwänge geblieben, dann wäre es jetzt nicht so bedrohlich! Schwierige Klärung der Freiheit.
Aber man kann sie auch nach Innen wenden, diese Geschichte einer Befreiung. Es sind auch Ängste und Zwänge, die uns Menschen beherrschen, weil schon Eltern oder Partner die Freiheit nicht zugetraut haben und nun das Leben auf der engen Bahn des ungefährlich Vertrauten verläuft, bis es mich beherrscht, meinen Alltag, mein Leben.
Mose setzt aber im Hören auf Gott hier nicht auf die Sicherheit der vertrauten Unfreiheit, sondern auf das Versprechen einer unvertrauten Freiheit. Dieses Versprechen ruht im Vertrauen auf eine Kraft, die Freiheit schafft: Gott. Darum kommt vor dem Kampf die Stille. Die Stille, in der ich jenseits der Zwänge das eigene Bestreben höre, in der die eigenen Wünsche sich hörbar machen und seien sie noch so verzagt. Diese Stille lässt den Kampfeslärm hinter sich und führt in die Gottesgegenwart des eigenen Herzens. Der Kampf ist, diese Stille auszuhalten. Das Volk stellt sich in dieser bedrohlichen Situation auf – und ist still. Keine vorschnelle Handlung, die alles zerstört, kein vorschnelles Wort, das trennt, keine Aktion, die die Angst vertreibt. Das Vertrauen in Gottes Tun gibt die Freiheit hinzusehen, hinzuhören, bis das Rettende auftaucht. Es kommt aus den Tiefen der Seele – ein Wort, ein Bild, ein Gedanke. Es kommt aus der Begegnung mit Menschen, die mich weiterbringen. Wie eine Feuersäule in der Nacht.

Die Israeliten schreien um Hilfe

14 10 Als der Pharao näher kam,
blickten die Israeliten auf und sahen:
Die Ägypter rückten hinter ihnen heran!
Da bekamen die Israeliten große Angst
und schrien zum HERRN um Hilfe.
11 Sie beklagten sich bei Mose:
»Gab es denn keine Gräber in Ägypten?
Hast du uns in die Wüste gebracht,
damit wir hier sterben?
Wie konntest du uns aus Ägypten führen!
12 Haben wir nicht schon in Ägypten zu dir gesagt:
Lass uns in Ruhe!
Wir wollen lieber den Ägyptern dienen!
Es ist besser, dass wir in Ägypten Sklaven sind,
als in der Wüste zu sterben.«
13 Darauf sagte Mose zum Volk:
»Fürchtet euch nicht!
Stellt euch auf und seht,
wie der HERR euch heute retten wird!
Denn so, wie ihr die Ägypter jetzt seht,
werdet ihr sie nie wieder sehen.
14 Der HERR wird für euch kämpfen.
Ihr aber sollt still sein.«

Der Schritt ins Unbekannte

Der Schritt ins Unbekannte

In der Abenddämmerung werdet ihr Fleisch essen und am Morgen von Brot satt werden. Daran werdet ihr erkennen, dass ich der Herr, euer Gott, bin.

Endlich ist es geschafft! Die Sklaverei in Ägypten liegt hinter den Israeliten und sie brechen auf in ein neues Land, ein neues Leben und eine neue Welt. Eine ungewisse Reise liegt vor ihnen. Wundersam hat Gott sein Volk gerettet und hat bereits bewiesen, dass er vertrauenswürdig ist. Doch nun steht das Volk Gottes in der Wüste, scheinbar ohne Wasser und Brot, und denkt an die Fleischtöpfe Ägyptens. Denn das Neue ist noch nicht greifbar und Hunger und Durst sind akut. Es ist der Startpunkt einer Rebellion.

Auch unser Alltag ist ständig von Veränderungen und Herausforderungen geprägt, bei denen wir oft nicht wissen, wohin sie führen. Welche Entscheidung zieht welche Konsequenz nach sich? In welche Richtung soll man aufbrechen? Was ist der nächste Schritt? Der Schritt ins Unbekannte kann dabei besonders schwerfallen, da das Vertraute sicherer erscheint. Und doch ist es manchmal so nötig, das Alte zurückzulassen und neu zu beginnen. Es ist wie der berühmte Sprung ins kalte Wasser: Zögerlich lässt man los, der Moment des Eintauchens ist unangenehm und kühl, aber dann stellt sich die Frage, ob man dem Vergangenen hinterher trauert oder zielstrebig losschwimmt.

Es macht einen Unterschied, ob man mit Gott in das Neue eintaucht oder ohne ihn. Es macht einen Unterschied, ob man sein Vertrauen in ihn setzt oder nur in sich selbst und die weltlichen Möglichkeiten.

Gott hört das Klagen und lässt die Israeliten natürlich nicht im Stich. Wieso auch? Sie sind sein Volk. Wer zu Gott gehört, wird nicht im Stich gelassen. Die Israeliten werden auf wundersame Weise mit Manna und Wachteln versorgt und keiner muss hungern.

Wer zu Gott gehört, kann es wagen, ihm zu vertrauen und voll Zuversicht dem Ungewissen entgegenzugehen, so groß die Angst und der Zweifel auch sein mögen. Gott ist da! Auch beim Schritt ins Unbekannte.

Israel wird mit Manna und Wachteln versorgt

16 1 Die ganze Gemeinde der Israeliten brach von Elim auf.
Sie kamen in die Wüste Sin,
die zwischen Elim und der Wüste Sinai liegt.
Das war am fünfzehnten Tag des zweiten Monats,
seit sie aus Ägypten gezogen waren.
2 In der Wüste rebellierte die ganze Gemeinde
gegen Mose und Aaron.
3 Die Israeliten sagten zu ihnen:
»Hätte der HERR uns doch in Ägypten sterben lassen!
Dort saßen wir an den Fleischtöpfen
und konnten uns satt essen.
Jetzt habt ihr uns in diese Wüste geführt,
wo wir alle vor Hunger umkommen werden.«
4 Der HERR sagte zu Mose:
»Ich will für euch Brot vom Himmel regnen lassen.
Das Volk soll hinausgehen und einsammeln,
was es für den Tag braucht.
Damit will ich sie prüfen,
ob sie nach meiner Weisung leben oder nicht.
5 Am sechsten Tag sollen sie zubereiten,
was sie eingesammelt haben.
Es wird doppelt so viel sein.«

6 Da sagten Mose und Aaron zu allen Israeliten:
»Heute Abend werdet ihr erkennen:
Es war der HERR, der euch aus Ägypten geführt hat.
7 Morgen werdet ihr sehen,
wie herrlich der HERR ist.
Denn der HERR hat gehört,
wie ihr gegen ihn rebelliert habt.
Wer sind wir denn schon,
dass ihr gegen uns rebelliert?«
8 Weiter sagte Mose:
»Der HERR gibt euch am Abend Fleisch zu essen
und am Morgen Brot, damit ihr satt werdet.
Denn der HERR hat gehört,
wie ihr gegen ihn rebelliert habt.
Auf uns kommt es doch nicht an!

Wenn ihr gegen uns rebelliert,
rebelliert ihr gegen den HERRN.«
9 Zu Aaron sagte Mose:
»Sag der ganzen Gemeinde der Israeliten:
Tretet vor den HERRN!
Denn er hat gehört, wie ihr euch beklagt habt.«
10 Während Aaron zur Gemeinde der Israeliten sprach,
wandten sich alle der Wüste zu.
Da zeigte sich plötzlich die Herrlichkeit des HERRN,
umhüllt von der Wolke.
11 Der HERR sagte zu Mose:
12 »Ich habe gehört, wie die Israeliten rebellierten.
Sag zu ihnen:
In der Abenddämmerung werdet ihr Fleisch essen
und am Morgen von Brot satt werden.
Daran werdet ihr erkennen,
dass ich der HERR, euer Gott, bin.«

13 Am Abend kamen Wachteln und bedeckten das Lager.
Am Morgen lag Tau rings um das Lager.
14 Als der Tau weg war,
lag auf dem Boden der Wüste etwas Feines.
Es war körnig und fein wie der Reif auf der Erde.
15 Die Israeliten sahen es und sagten zueinander:
»Was ist das?« Denn sie wussten nicht, was es war.
Mose sagte zu ihnen:
»Das ist das Brot, das der HERR euch zu essen gibt.
16 Der HERR hat geboten:
Sammelt davon so viel, wie jeder zu essen braucht.
Einen Krug pro Kopf sollt ihr holen,
jeder so viel wie Personen zu seinem Zelt gehören.«
17 Das taten die Israeliten.
Der eine sammelte viel, der andere wenig.
18 Dann maßen sie nach, was jeder gesammelt hatte.
Wer viel gesammelt hatte, hatte nicht zu viel,
und wer wenig gesammelt hatte, nicht zu wenig.
Jeder hatte so viel gesammelt,
wie er zu essen brauchte.

Bileam und die Eselin

Bileam und die Eselin

Da öffnete der Herr Bileam die Augen.

Wie finde ich den richtigen Weg? Gerne auch den, den Gott für mich gedacht hat und befürwortet. Die Geschichte von Bileam zeigt, wie schwierig das sein kann. Bileam wird von Gottesgegnern gerufen und fragt Gott, ob er mitgehen soll. Gott sagt beim ersten Mal »nein«, beim zweiten Mal »nein«, beim dritten Mal dann »ja«. Und Bileam geht los. Auf dem Weg kommt Bileams Eselin ins Spiel. Sie sieht den Engel Gottes, der sich in den Weg stellt und so vor dem falschen Weg, vor Abwegen und Abgründen warnt. Und hält an. Hält inne. Bileam sieht gar nichts, ärgert sich und empfindet seine Eselin als störrisch. Erst als ihm die Augen aufgetan werden, ist er wieder offen für Gottes Boten und Botschaft.

Gott sagt nein, dann ja. Manchmal frage ich so lange, bis mir die Antwort gefällt. Und dann gehe ich los und bin erst einmal taub und stumm für Zeichen und Wahrheiten.

Es muss schon etwas passieren, damit ich »aufwache«. Manche Menschen empfinden eine Erkrankung als einen solchen Weckruf, als ein Zeichen, anders auf das Leben und den eigenen Weg zu blicken. Wenn es Patientinnen und Patienten von sich aus so formulieren kann ich es hören und oft auch mitgehen. Zusprechen kann ich diese Sicht von außen nicht. Mein Glaube kennt einen Gott, der rettet und befreit. Der Engel in den Weg stellt, damit ich aufwache und klarer sehe. Immer geht es um den Weg ins Leben, heraus aus dem Schmerz und der Verzweiflung. Manch eine Erkrankung kann diesen Weg aufzeigen, manch andere ist sinnlos – und darf es auch bleiben.

Bileam und seine Eselin

22 Gott geriet aber doch in Zorn darüber,
dass Bileam die Männer von Balak begleitete.
Darum stellte sich ihm ein Engel des HERRN
als Gegner in den Weg.
Bileam ritt auf seiner Eselin
und hatte zwei seiner Knechte dabei.
23 Die Eselin sah den Engel des HERRN,
der mit gezogenem Schwert auf dem Weg stand.
Die Eselin wich vor ihm aus
und lief vom Weg aufs Feld.
Da schlug Bileam die Eselin,
um sie auf den Weg zurückzutreiben.
24 Der Engel des HERRN aber ging zu einer Engstelle
zwischen den Mauern der Weinberge.
25 Die Eselin sah den Engel des HERRN
und drängte sich an eine der Mauern.
Dabei klemmte sie Bileams Fuß an der Mauer ein,
und er schlug sie noch einmal.
26 Der Engel des HERRN ging ein Stück weiter.
Er stellte sich an eine noch engere Stelle.
Dort konnte die Eselin nicht mehr ausweichen,
weder nach rechts noch nach links.
27 Als die Eselin diesmal den Engel des HERRN sah,
legte sie sich unter Bileam einfach hin
Bileam wurde wütend
und schlug die Eselin mit dem Stock.

28 Da verlieh der HERR der Eselin die Fähigkeit zu sprechen,
und sie sagte zu Bileam: »Was habe ich dir getan,
dass du mich jetzt zum dritten Mal schlägst?«

30 Die Eselin sagte zu Bileam:
»Bin ich nicht deine Eselin,
auf der du schon dein Leben lang reitest?
Habe ich mich dir gegenüber jemals so verhalten?«
Er antwortete: »Nein!«

31 Da öffnete der HERR Bileam die Augen,
und Bileam konnte den Engel des HERRN sehen.
Er stand mit gezogenem Schwert auf dem Weg.
Bileam verneigte sich und verbeugte sich bis zum Boden.
32 Der Engel des HERRN fragte ihn:
»Warum hast du deine Eselin drei Mal geschlagen?
Ich selbst trete dir als Gegner entgegen,
weil du auf dem falschen Weg bist.

Ermutigung vor der großen Aufgabe

Ermutigung vor der großen Aufgabe

Fürchte dich nicht und schrecke vor nichts zurück.

Menschen gehen unterschiedlich mit neuen Herausforderungen um. Unbekanntes Terrain weckt bei manchen Entdeckerlust, andere versetzt es in Angst und Schrecken. Das mag auch an der Art dieses Neuen liegen, das da auf einen zukommt: Es macht einen gehörigen Unterschied, ob es sich dabei um eine Reise in ein bislang noch nicht besuchtes Urlaubsland handelt oder um einen bevorstehenden Krankenhausaufenthalt.

Das Buch Josua berichtet von einer doppelten neuen Herausforderung. Der einen Herausforderung sieht sich das ganze Volk Israel gegenüber: Nach der Befreiung aus der Unterdrückung in Ägypten und der jahrzehntelangen nomadischen Reise steht nun der Einzug in das von Gott versprochene Land bevor. Dieses Land soll zur Heimat werden. Die andere ist eine persönliche Herausforderung für den jungen Josua: Er soll der Nachfolger von Mose werden, der das Volk Israel bisher angeführt hat.

Kurz nach Moses Tod spricht Gott zum jungen Anführer des Volkes. Man fühlt sich an eine engagierte Motivationsrede des Trainers an seine Mannschaft in der Kabine vor dem wichtigsten Spiel der Vereinsgeschichte erinnert. Die Worte Gottes haben ein klares Ziel: Ermutigung. Josua soll wissen: Gott wird mit ihm sein, ebenso wie er zuvor mit Mose gewesen ist. Es bleibt aber nicht bei diesen starken Ermutigungsworten. Einer taktischen Anweisung gleich wird Josua darauf eingeschworen, was Gottes Unterstützung garantiert: Handle nach Gottes Weisungen, dann wird dir alles gelingen, was du unternimmst.

Die Gottesrede gipfelt im letzten Vers des Abschnitts: »Denn der Herr, dein Gott, ist mit dir bei allem, was du unternimmst.« Dafür steht Gott mit seinem Wort ein.

Gott beauftragt Josua

1 [1] Mose, der Knecht des HERRN, war gestorben.
Ihm hatte Josua, der Sohn des Nun, gedient.
Da sagte der HERR zu Josua:
[2] »Mein Knecht Mose ist tot.
Jetzt mach dich auf und überquere den Jordan!
Zieh mit dem ganzen Volk in das Land,
das ich ihnen, den Israeliten, geben will.
[3] Ich gebe euch jeden Ort zum Besitz,
den ihr mit euren Füßen betretet.
So habe ich es Mose versprochen.
[4] Und so weit soll euer Gebiet reichen:
von der Wüste bis zum Libanongebirge,
vom großen Fluss Eufrat mit dem Land der Hetiter
bis zum großen Meer im Westen.
[5] Niemand kann sich dir entgegenstellen,
solange du lebst.
Ich werde mit dir sein,
wie ich es mit Mose gewesen bin.
Ich lasse dich nicht fallen
und lasse dich nicht im Stich.
[6] Sei stark und mutig!
Du wirst diesem Volk das Land zum Erbbesitz geben.
Denn ich habe ihren Vorfahren geschworen,
dass ich es ihnen geben werde.
[7] Sei nur ganz stark und mutig!
Gib acht, dass du ganz nach der Weisung handelst,
die dir mein Knecht Mose gegeben hat!
Du sollst davon nicht abweichen,
weder nach rechts noch nach links.
So hast du Erfolg bei allem, was du unternimmst.

8 Hör nicht auf, in dem Gesetzbuch zu lesen,
und denk Tag und Nacht darüber nach.
So weißt du, worauf du achtgeben musst.
So kannst du dein ganzes Tun danach richten,
wie es darin geschrieben steht.
Dann wird dir alles gelingen, was du unternimmst.
Dann hast du Erfolg.
9 Ich habe dir doch gesagt,
dass du stark und mutig sein sollst!
Fürchte dich nicht und schrecke vor nichts zurück!
Denn der Herr, dein Gott, ist mit dir
bei allem, was du unternimmst!«

Fülle des Lebens
im Augenblick der Leere

Fülle des Lebens im Augenblick der Leere

Es ist genug!

Für die eine ist Arbeit ihr Leben; sie geht ganz darin auf. Einem anderen dient sie lediglich zur Sicherung seiner Existenz; darüber hinaus bedeutet sie ihm nicht viel. Unabhängig davon gibt es von der geliebten wie von der ungeliebten Tätigkeit ein Zuviel. Aus einem Menschen, der sich von selbst gewählten Motiven antreiben lässt, wird dann ein Mensch, der von fremden Interessen geleitet und zugleich von seiner Angst vor dem Scheitern bestimmt wird. Das oft mühsam aufrechterhaltene System bricht in dem Moment zusammen, in welchem jemand vor Erschöpfung nicht mehr kann und nichts mehr fühlt als eine unendliche Leere.

Der Prophet Elija erscheint im folgenden Textabschnitt als jemand, den sein Tun an die Grenzen seiner Belastbarkeit führt. Und als er sich infolge dessen, was er getan hat, massiven Bedrohungen ausgesetzt sieht, fühlt er, wie diese Belastungsgrenze überschritten wird. Er bricht zusammen. Lange vor dem ersten Ratgeber für Menschen, die vom sogenannten Burn-out betroffen sind, ist hier nachzulesen, was hilfreich ist, um aus dem Zustand der Leere zurückzufinden zur Fülle des Lebens: Zeit und Zuspruch gehören dazu, Essen und Trinken, Schlaf natürlich und ein neuer Weg.

Elija wünscht sich den Tod und wird gestärkt

19 1 Ahab erzählte Isebel alles,
was Elija getan hatte –
auch dass Elija alle Propheten des Baal getötet hatte.
2 Daraufhin schickte Isebel einen Boten zu Elija
und drohte ihm:
»Die Götter sollen mir antun, was immer sie wollen,
wenn ich deinem Leben nicht ein Ende setze!
Morgen um diese Zeit soll es dir ergehen
wie den Propheten, die du getötet hast!«
3 Da geriet Elija in große Angst.
Er sprang auf und lief um sein Leben.
So kam er nach Beerscheba an die Grenze von Juda.
Dort ließ er seinen Diener zurück.
4 Er selbst ging noch einen Tag lang weiter –
tiefer in die Wüste hinein.
Dann setzte er sich unter einen Ginsterstrauch
und wünschte sich den Tod.
»Es ist genug!«, sagte er.
»HERR, nimm mir doch das Leben!
Denn ich bin nicht besser als meine Vorfahren.«
5 Schließlich legte er sich hin
und schlief unter dem Ginsterstrauch ein.

Plötzlich berührte ihn ein Engel
und forderte ihn auf: »Steh auf und iss!«
6 Als Elija um sich blickte,
fand er etwas neben seinem Kopf:
frisches Fladenbrot und einen Krug mit Wasser.
Er aß und trank, dann legte er sich wieder schlafen.
7 Doch der Engel des HERRN erschien ein zweites Mal.
Wieder berührte er ihn und sprach: »Steh auf und iss!
Denn du hast einen weiten Weg vor dir!«

Elija begegnet Gott am Horeb

8 Da stand Elija auf, aß und trank und ging los.
Durch das Essen war er wieder zu Kräften gekommen.
40 Tage und 40 Nächte war er unterwegs,
bis er den Horeb, den Berg Gottes, erreichte.

Ein feines, sanftes Flüstern

Ein feines, sanftes Flüstern

Bis zum Äußersten bin ich für dich gegangen.

Wo ist Gott in all dem Schmerz, in all dem Leid auf der Erde? Warum kommt er nicht mit Pauken und Trompeten und macht aller Ungerechtigkeit und dem Bösen ein Ende? Ach, das wäre schön – und auch ein glaubensstiftendes Zeichen der Allmacht Gottes.

Häufig höre ich diese Anfragen und Ansätze einer Möglichkeit, Gott zu denken. Doch so funktioniert es nicht mit der göttlichen Allmacht. Und es ist einmal mehr Elija, der uns zeigt, dass Gott nicht in Donner und Feuer ist, sondern oft leise und flüsternd den Weg zu unserem Herzensohr findet.

»Ich hatte doch immer alles richtig machen wollen«, sagt mir ein Patient nach einer Operation mit vielen Komplikationen. »So ungerecht erschien es mir, dass mir das alles passiert. Aber als ich da am Grund meines inneren Brunnens saß, da merkte ich, dass ich viel Hilfe von außen bekam. Leise, stille Hilfe, kleine Gesten und treue Begleitung. Da war mir Gott das erste Mal wirklich nahe.«

Elija wartet in einer Höhle auf Gottes Zeichen, nachdem er 40 Tage und Nächte in der Wüste unterwegs gewesen ist. Zuerst hört er auf die lauten Töne, dann erst lernen seine Ohren, die leisen wahrzunehmen und sie zu verstehen. Wie oft geht es mir wie Elija!

Elija begegnet Gott am Horeb

8 Da stand Elija auf, aß und trank und ging los.
Durch das Essen war er wieder zu Kräften gekommen.
40 Tage und 40 Nächte war er unterwegs,
bis er den Horeb, den Berg Gottes, erreichte.
9 Dort ging er in eine Höhle, um darin zu übernachten.
Doch da kam das Wort des HERRN zu ihm:
»Was tust du hier, Elija?«
10 Elija antwortete:
»Bis zum Äußersten bin ich für dich gegangen.
Alles habe ich für dich getan,
für den HERRN, den Gott Zebaot!
Denn die Israeliten haben deinen Bund verlassen.
Sie haben deine Altäre niedergerissen
und deine Propheten mit dem Schwert getötet.
Ich allein bin übrig geblieben.
Doch jetzt wollen sie auch mich umbringen!«
11 Da sprach Gott zu ihm: »Komm heraus!
Stell dich auf den Berg vor den HERRN!«

Und wirklich, der HERR ging vorüber:
Zuerst kam ein gewaltiger Sturm,
der Berge sprengte und Felsen zerbrach.
Der zog vor dem HERRN her,
aber der HERR war nicht im Sturm.
Nach dem Sturm kam ein Erdbeben.
Aber der HERR war nicht im Erdbeben.
12 Nach dem Erdbeben kam ein Feuer.
Aber der HERR war nicht im Feuer.
Nach dem Feuer kam ein sanftes, feines Flüstern.
13 Als Elija das hörte,
bedeckte er das Gesicht mit seinem Mantel.
Dann trat er aus der Höhle heraus
und stellte sich an ihren Eingang.
Da hörte er eine Stimme, die zu ihm sprach:
»Was tust du hier, Elija?«

14 Er antwortete:
»Bis zum Äußersten bin ich für dich gegangen.
Alles habe ich für dich getan,
für den HERRN, den Gott Zebaot!
Denn die Israeliten haben deinen Bund verlassen.
Sie haben deine Altäre niedergerissen
und deine Propheten mit dem Schwert getötet.
Ich allein bin übrig geblieben.
Doch jetzt wollen sie auch mich umbringen!«

Elija bekommt einen neuen Auftrag

15 Da sagte der HERR zu ihm:
»Geh den Weg zurück, den du gekommen bist!
Geh durch die Wüste bis nach Damaskus
und salbe Hasael zum König über das Aramäerreich!
16 Auch Israel soll einen neuen König bekommen:
Salbe Jehu, den Sohn des Nimschi, zum König.
Setze außerdem einen Nachfolger für dich ein:
Salbe Elischa, den Sohn des Schafat, aus Abel-Mehola
zum Propheten.
17 Und so wird es kommen:
Wer dem Schwert Hasaels entkommt,
den wird Jehu töten.
Und wer dem Schwert Jehus entkommt,
den wird Elischa töten.
18 Aber ich werde 7000 Mann in Israel übrig lassen:
die, die ihre Knie nicht vor Baal gebeugt haben
und ihn nicht mit dem Mund geküsst haben.«

Im Angesicht des Todes

Im Angesicht des Todes

Ich habe dein Gebet gehört und deine Tränen gesehen.

Wie reagiert man als schwer Erkrankter, wenn man die Nachricht erhält, dass der eigene Tod kurz bevorsteht? Verfällt man in Schockstarre, fließen die Tränen, ist man erleichtert oder wird man von Wut gepackt?

Hiskija, der König von Juda, der stets nach dem Willen Gottes gelebt hat, ist genau in dieser Situation. Der Prophet Jesaja kündigt ihm seinen Tod an. Doch Hiskija kann und will das so nicht hinnehmen. Direkt wendet er sich an Gott und betet zu ihm. Er erinnert ihn daran, wie treu er ihm, seinem Gott, immer gewesen ist. Und seine Emotionen brechen sich Bahn: Die Tränen fließen und er weint laut.

Dieses Gebet bewirkt, dass Gott eingreift. Er verspricht Hiskija zu heilen. Das ist so unglaublich für Hiskija, dass er sich von Gott ein Zeichen erbittet, welches ihm Gewissheit für seine Heilung geben soll. Er bekommt es – und dazu noch 15 weitere Lebensjahre!

Gott erhört Gebete. Gebete können Gott umstimmen.

Aber nicht immer läuft es so. Wie viele Gebete werden gesprochen und wie viele Tränen geweint und es gibt doch keine Heilung oder Rettung. Unweigerlich stellt sich die Frage: Warum lässt Gott das zu? Eine Frage, die zumeist unbeantwortet bleibt. Gott hat sich den Menschen als der vorgestellt, der da ist, nicht als Wunscherfüller, der automatisch reagiert. Auch Hiskija konnte mit seiner Heilung nicht rechnen. Aber er hat damit gerechnet, dass Gott für ihn da ist, dass er auch in dieser Situation Ansprechpartner und Begleiter ist. Nicht umsonst ist Hiskijas Gebet das Erste, was er nach Erhalt der schrecklichen Nachricht spricht. Hiskija hat eine gute Beziehung zu Gott, die auch in schweren Zeiten trägt. Und wäre er nicht geheilt worden, so hätte er wohl dennoch seinen Glauben an Gott nicht verloren. Er wäre diesen Weg bis zum Ende gegangen, aber nicht allein, sondern mit Gott an seiner Seite. Beten ändert die Situation, auch, wenn sie nicht aufgelöst wird, selbst im Angesicht des Todes.

Hiskijas Krankheit und das göttliche Zeichen

20 1 Zu dieser Zeit wurde Hiskija todkrank.
Da kam der Prophet Jesaja, der Sohn des Amoz, zu ihm
und sagte: »So spricht der HERR:
Regle deine Angelegenheiten,
denn du wirst nicht mehr gesund, sondern stirbst.«
2 Da drehte Hiskija das Gesicht zur Wand
und betete zum HERRN:
3 »Ach HERR, denk doch daran,
wie ich vor dir gelebt habe:
Ich habe mich treu an dich gehalten.
Mit ganzem Herzen bin ich dir gefolgt
und habe getan, was dir gefällt.«
Dabei brach Hiskija in Tränen aus und weinte laut.

4 Jesaja war auf dem Heimweg.
Er lief gerade durch den mittleren Hof des Palastes,
als das Wort des HERRN zu ihm kam:
5 »Kehre um und richte Hiskija aus,
der als Hirte über mein Volk wacht:
So spricht der HERR, der Gott deines Vorfahren David:
Ich habe dein Gebet gehört und deine Tränen gesehen.
Deshalb werde ich dich heilen.
Am dritten Tag wirst du wieder gehen können
und den Tempel des HERRN besuchen.
6 Um 15 Jahre will ich dein Leben verlängern.
Auch vor dem assyrischen König
will ich dich und diese Stadt retten.
Ich werde Jerusalem beschützen.
Das tue ich für mich und für meinen Knecht David.«
7 Dann ordnete Jesaja an: »Holt eine Paste aus Feigen.«
Sie holten die Paste,
strichen sie auf Hiskijas Geschwür
und es begann zu heilen.

8 Da fragte Hiskija den Jesaja: »Woran kann ich erkennen,
dass der HERR mich wirklich ganz gesund machen wird?
Was ist das Zeichen,
dass ich am dritten Tag wieder gehen
und den Tempel des HERRN besuchen kann?«
9 Jesaja antwortete:
»Das soll das Zeichen für dich vom HERRN sein –
daran sollst du sehen,
dass der HERR tut, was er dir angekündigt hat:
Achte auf die Sonnenuhr und entscheide dich:
Soll der Schatten zehn Stufen vorgehen
oder zehn Stufen zurückgehen?«
10 Hiskija meinte: »Es ist einfach,
dass der Schatten zehn Stufen vorgeht.
Nein, rückwärts soll er gehen!
Der Schatten soll zehn Stufen zurückgehen.«
11 Da betete der Prophet Jesaja zum HERRN.
Und tatsächlich: Dieser ließ den Schatten zurückgehen.
Zehn Stufen ging der Schatten wieder rückwärts
an der Sonnenuhr, die Ahas gemacht hatte.

Warum tust du mir das an?

Warum tust du mir das an?

Wie einen Baum entwurzelte er meine Hoffnung.

Einige Menschen leben ein scheinbar glückliches, unbeschwertes Leben auf der Sonnenseite. Andere trifft es allzu hart, und das oft auch noch immer wieder. Es kann helfen, wenn ich mein Leid einem Menschen klagen kann. Wenn mir einer zuhört. Einfach mit mir aushält. Gott kann ich mein Leid klagen. Eine Strafe für mein eigenes Fehlverhalten ist das Leid, das mich getroffen hat, sicher nicht. Doch was ist es dann? Der Beweis, dass Gott nicht existiert, weil er nicht eingreift? Das Gefühl der absoluten Gottverlassenheit? Manchmal erhält das Leid – oft erst im Nachhinein – einen Sinn für den, den es getroffen hat. Aber eben nur manchmal.

So bleibt das große DENNOCH. Ich kann keinen Sinn entdecken. Es ist ungerecht. Es ist ganz sicher unverdient. Es ist nach menschlichem Ermessen völlig unbegreiflich. Es gibt keine Antwort auf das Warum. So will ich DENNOCH darauf vertrauen, dass Gott bei mir ist und bleibt.

Hiob ist ein gläubiger, rechtschaffener und reicher Mann. In der Hiob-Erzählung am Anfang und am Ende des gleichnamigen Buches verliert Hiob seinen gesamten Besitz, schlimmer noch, alle seine Kinder sterben. Schließlich verliert er auch seine eigene Gesundheit. Denn der Ankläger im Himmel, der Satan, fordert Gott heraus mit der Behauptung: Hiob sei nur deshalb so gläubig, weil es ihm so gut gehe. Hiob soll auf die Probe gestellt werden. Hier wird der für die damalige Umwelt selbstverständliche weisheitliche Zusammenhang von Tun und Ergehen angesprochen: Verhalte ich mich gut, so werde es mir gut gehen, schlechtes Verhalten zöge notwendigerweise Leid nach sich.

In der Mitte des Buches Hiob, das hier als Dichtung verfasst ist, reden seine drei Freunde auf ihn ein. Sie beharren darauf, dass Hiob Schuld auf sich geladen haben müsse, sonst ginge es ihm nicht so schlecht. Ein unschuldiger Mensch könne nicht in Leid geraten. Ein weiterer Freund ergänzt, dass das Leid eine Erziehungsmaßnahme Gottes sei. Doch Hiob bleibt standhaft, er sei unschuldig in Not geraten. Gott muss ungerecht sein! Hiob begehrt auf, klagt, verwünscht seine eigene Geburt, klagt Gott an und verlangt schließlich, mit Gott selbst zu sprechen. Und tatsächlich spricht Gott zu ihm. Doch beantwortet er die Frage nach dem Grund und Sinn des Leides nicht. Hiob bekommt keine Erklärung für sein Leiden. Gott verweist auf sein wunderbares Schöpfungswerk. In der Schöpfung zeigen sich die Macht und die Weisheit Gottes. Der Mensch ist in seinem Wissen und Können begrenzt.

Hiob setzt das Gespräch fort

19 1 Da antwortete Hiob und sagte:

2 Wie lange wollt ihr mich noch quälen
und mit Worten auf mich einschlagen?
3 Ihr beleidigt mich schon zum zehnten Mal
und schämt euch nicht, mich so zu erniedrigen.
4 Wenn ich wirklich Fehler gemacht habe,
trage ich doch allein die Verantwortung dafür.
5 Wollt ihr wirklich über mich herziehen
und mir mein Leiden zum Vorwurf machen?
6 Erkennt doch, dass Gott mich ins Unglück stürzte
und mir die Schlinge um den Hals gelegt hat.

7 Klage ich über Gewalt, gibt's keine Antwort.
Rufe ich um Hilfe, bekomme ich kein Recht.
8 Er hat mir den Weg versperrt, ich komme nicht weiter.
Wohin ich gehe, lässt er mich im Dunkeln tappen.
9 Er hat mir meine Würde genommen
und die Krone von meinem Kopf gestoßen.
10 Die Schutzmauer um mich hat er niedergerissen,
sodass ich dem Tod ausgeliefert bin.
Wie einen Baum entwurzelte er meine Hoffnung.
11 Er richtete seinen ganzen Zorn gegen mich,
er rechnete mich zu seinen Feinden.
12 Seine Heerscharen rückten gegen mich vor,
errichteten eine Sturmrampe und griffen mich an.
Um mein Zelt zogen sie einen Belagerungsring.

13 Meine Brüder hielten sich von mir fern,
meine Bekannten kehrten mir den Rücken.
14 Meine Verwandten und Freunde blieben weg.
Gäste kamen keine mehr zu mir ins Haus.

17 Meine eigene Frau ekelt sich vor meinem Atem,
meine Brüder können mich nicht mehr riechen.

18 Sogar die Kinder um mich herum verachten mich.
Und wenn ich mich von meinem Krankenbett erhebe,
machen sie Witze über mich.
19 Meine engsten Freunde verabscheuen mich.
Sogar diejenigen, die mir am liebsten sind,
stehen mir feindselig gegenüber.
20 Meine Haut klebt nur noch an den Knochen.
Nur das nackte Leben ist mir noch geblieben.

21 Habt Mitleid, habt Mitleid mit mir,
ihr seid doch meine Freunde!
Denn Gott hat mich mit diesem Unglück geschlagen.
22 Warum verfolgt ihr mich, wie Gott es tut?
Wann hört ihr endlich auf, mich zu zerfleischen?
23 Ach, wenn ich mir doch wünschen könnte,
dass meine Verteidigungsrede aufgeschrieben wird –
wie bei einer Inschrift, die man in den Stein ritzt!
24 Mit einem Meißel soll man sie in den Fels hauen
und ihre Buchstaben mit Blei ausgießen.
25 Ich weiß ja doch, dass mein Erlöser lebt.
Als mein Anwalt wird er auf der Erde auftreten
und zum Schluss meine Unschuld beweisen.
26 Mit zerfetzter Haut stehe ich hier.
Abgemagert bin ich bis auf die Knochen.
Trotzdem werde ich Gott sehen.
27 Ich werde ihn mit meinen Augen sehen,
und er wird für mich kein Fremder sein.
So wird es sein, auch wenn ich schon halb tot bin.

28 Ja, ihr überlegt noch immer,
wie ihr mich zur Strecke bringen könnt.
Ihr glaubt, die Schuld liege allein bei mir!
29 Hütet euch nur vor dem Schwert
und begreift, dass es doch einen Richter gibt!
Denn wer sich so in Zorn redet wie ihr,
wird dafür zur Rechenschaft gezogen.

Hiob bekennt sich zum Allmächtigen

42 1 Da antwortete Hiob dem HERRN und sagte:

2 Jetzt weiß ich, dass alles in deiner Macht steht.
Man kann dich an keinem deiner Vorhaben hindern.
3 Du hast gefragt:
»Wer ist es, der meinen Plan verdunkelt
mit Worten, gesprochen ohne Verstand?«
Ich war's! Ja, ich habe ohne Einsicht geredet.
Ich sprach von Dingen, die ich nicht verstand.
4 Du hast mich aufgefordert:
»Hör zu, wenn ich mit dir rede!
Ich will dir meine Fragen vorlegen.
Belehr mich doch, wenn du es kannst!«
5 Ja, bis dahin kannte ich dich nur vom Hörensagen.
Doch jetzt hat mein Auge dich wirklich gesehen.
6 Darum bereue ich meine Worte und finde Trost,
so wie ich hier in Staub und Asche sitze.

Gottes Urteil über die drei Freunde

7 Nachdem der Herr so mit Hiob geredet hatte,
wandte er sich an Elifas aus Teman und sagte:
»Ich bin zornig auf dich und deine beiden Freunde.
Denn ihr habt nichts Wahres über mich gesagt,
so wie es mein Knecht Hiob getan hat.

Gottes Segen kehrt zu Hiob zurück

10 Der HERR wendete Hiobs Schicksal zum Guten,
als er für seine Freunde Fürbitte einlegte.
Und der HERR gab ihm doppelt so viel
wie Hiob früher besessen hatte.

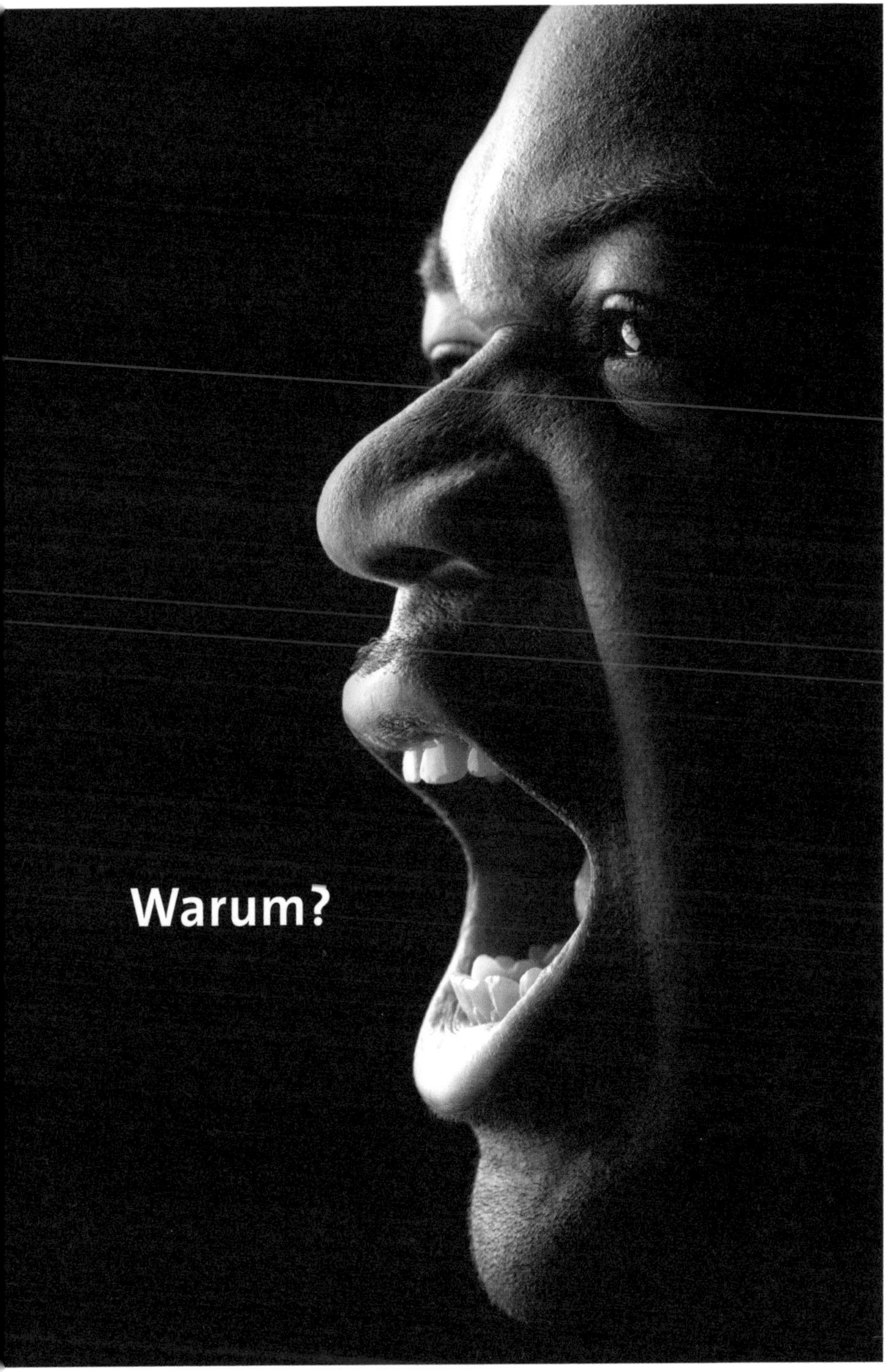
Warum?

Warum?

»Mein Gott, mein Gott, warum hast du mich verlassen?«
Weit entfernt ist meine Rettung.
Ungehört verhallt mein Hilfeschrei.

In diesem Gebet geht es direkt zur Sache. Es ist ein Schrei: Warum ich? Nach all dem Vertrauen, nach all dem Guten. »Du trittst mich in des Todes Staub«, formuliert Luther. Gott sitzt auf der Anklagebank. Klagepsalmen machen rund ein Drittel der einhundertfünfzig Psalmen aus. Was geschieht da?

Wer je mit einer schlechten Nachricht, einem überraschenden Tod, einer schweren Diagnose konfrontiert war, kennt dieses Gefühl der Verlassenheit. Manchmal sind es auch Nachrichten – Terror, Erdbeben, Seuche, Krieg –, die diese Warum-Frage hervorrufen. Und wer sich oder Andere dann reden gehört hat, kennt die Radikalität der Anklage, das Gefühl gestraft zu sein und ungerecht behandelt.

Der 22. Psalm formuliert diese Abwärtsspirale der Verzweiflung aus Verlassenheit und Ohnmacht, aus Aggression und Depression und konfrontiert sie jeweils mit der Erinnerung an andere Erfahrungen. Es gab Geborgenheit und das Gefühl, eine Lage bewältigen zu können. Es gab Hilfe.
In der Erfahrung von Kraftlosigkeit, Scham und Angst wird der eigene Tod imaginiert. Wie lange werde ich leben? Wie kann ich ohne den Anderen sein? Wie kann ich den Verlust überleben? Die erste Antwort: Gar nicht, denn die Welt ist grauenhaft und Gott nicht da.

Das Überraschende der Klage aber ist, wenn sie ernst erlebt wird und nicht zum Dauerjammern erstarrt, dass sie uns verändert. Aus der Klage wird Zuversicht. Aus der erinnerten Gottesgegenwart verändert sich die Perspektive. In all dem zeigt sich der abwesende Gott neu als verlässlich und gegenwärtig. Mein Bild von Gott musste sich wandeln. Erst aus der tiefen Betroffenheit über das Unglück wird Gott neu begreifbar und stellt sich die Rettung ein. Die Wut weicht der Trauer, die Trauer der Hoffnung.

Gott erspart uns nichts. Nicht die Gefühle und nicht die Verzweiflung. Sie sind Teil des Lebens, in dem das Rettende erscheint. Klage verändert uns, weil sie das Unerträgliche zur Sprache bringt. Der innere Weg ist weit, doch Gott geht ihn als tragende Kraft mit. Ganz am Ende erst steht der Dank: »Denn er hat's getan.«

Von Gott verlassen – und gerettet

Der Leidenspsalm von Jesus

22 1 FÜR DEN CHORLEITER,
NACH DER MELODIE: HIRSCHKUH DER MORGENRÖTE.
EIN PSALM, VON DAVID.

2 »Mein Gott, mein Gott,
warum hast du mich verlassen?«
Fern ist meine Rettung,
ungehört verhallt mein Hilfeschrei.
3 »Mein Gott«, rufe ich am Tag,
doch Antwort gibst du mir nicht.
Und ich rufe in der Nacht,
doch Ruhe finde ich nicht.
4 Du aber, du bist der Heilige!
Du thronst über den Lobgesängen Israels!
5 Auf dich vertrauten schon unsere Vorfahren.
Sie vertrauten darauf, dass du sie rettest.
6 Sie riefen zu dir und wurden gerettet.
Auf dich haben sie sich verlassen
und wurden nicht enttäuscht.

7 Ich aber bin ein Wurm und kein Mensch,
ein Gespött der Leute und verachtet vom Volk!
8 Alle, die mich sehen, lachen nur über mich.
Sie spitzen die Lippen, sie schütteln den Kopf:
9 »Soll er doch seine Last auf den Herrn abwälzen!
Der soll ihn auch retten!
Der soll ihn aus dem Elend reißen.
Er ist ja sein Freund!«

10 Ja, du hast mich aus dem Mutterleib gezogen.
An der Mutterbrust lehrtest du mich Vertrauen.
11 Auf dich bin ich angewiesen seit meiner Geburt.
Vom ersten Atemzug an bist du allein mein Gott!
12 Bleib nicht fern von mir! Denn die Not ist so nahe,
und ich habe sonst keinen, der mir hilft.

13 Stiere ohne Zahl haben mich umstellt.
Baschan-Büffel halten mich umringt.
14 Da sperrt einer sein Maul auf, um mich zu packen –
es ist ein reißender und brüllender Löwe!
15 Ich fühle mich wie ausgeschüttetes Wasser.
Ich habe keine Gewalt mehr über meine Glieder.
Mein Lebensmut ist weich wie Wachs,
dahingeschmolzen in meinem Innern.
16 Trocken wie eine Tonscherbe ist meine Kehle
und die Zunge klebt mir am Gaumen.
So legst du mich in den Staub zu den Toten.

20 Doch du, Herr, bleib nicht fern von mir!
Du bist meine Stärke, hilf mir schnell!
21 Bewahre mein Leben vor dem Schwert,
mein einziges Gut vor der Gewalt der Hunde!
22 Rette mich aus dem Rachen des Löwen
und vor den Hörnern der Wildstiere!
– Mein Gebet hast du erhört. –

Denn du bist
an meiner Seite!

Denn du bist an meiner Seite!

Der Herr ist mein Hirte, mir wird nichts mangeln.

Ich kenne die 90-jährige Frau schon durch mehrere Krankenhausaufenthalte. Über die Jahre sind wir uns vertraut geworden, wissen auch um biblische Lieblingstexte, Ärgerverse und Trostgeschichten der jeweils anderen. Nun lässt die Familie mich rufen, weil es ihr schwerer wird, weiter zu atmen, zu hören und zu sprechen.

»Der 23. Psalm«, flüstert sie, als sie mich erkennt. »Ja«, sage ich und nehme ihre Hand. Wie schon unzählige Male zuvor beten wir gemeinsam den 23. Psalm, auswendig mit den Worten Luthers, so wie wir ihn beide schon als Kinder gelernt haben. Ich weiß, welche Stellen ihr besonders wichtig sind: »Er erquicket meine Seele.« – »Und ob ich schon wanderte im finstern Tal, fürchte ich kein Unglück; denn du bist bei mir.« – »Du bereitest vor mir einen Tisch im Angesicht meiner Feinde.« – Wir haben die Sätze mit Leben und Erfahrungen gefüllt. Auch verglichen mit neueren Übersetzungen.

»Schön gesagt«, sagte die alte Dame häufiger, »aber ich hänge doch an dem, was ich auswendig kann und was mich ein Leben lang begleitet und auch mit vielen anderen verbunden hat.«

Der 23. Psalm ist ein gesungenes Vertrauens-Gebet, das Gott als Hirten beschreibt, der sich um seine Schafe kümmert und sie nicht sich selbst überlässt. Der Hirte sorgt für die Existenzgrundlage, für Schutz und Ordnung. Als Hirtendienst verstanden mehrere Herrscher in früherer Zeit ihren Auftrag, u. a. König David, der um 1000 v. Chr. König von Israel war.

Der Herr ist mein Hirte

23

1 EIN PSALM DAVIDS.

Der Herr ist mein Hirte,
mir wird nichts mangeln.
2 Er weidet mich auf einer grünen Aue
und führet mich zum frischen Wasser.
3 Er erquicket meine Seele.
Er führet mich auf rechter Straße um seines Namens willen.
4 Und ob ich schon wanderte im finstern Tal,
fürchte ich kein Unglück;
denn du bist bei mir,
dein Stecken und Stab trösten mich.
5 Du bereitest vor mir einen Tisch
im Angesicht meiner Feinde.
Du salbest mein Haupt mit Öl
und schenkest mir voll ein.
6 Gutes und Barmherzigkeit werden mir folgen mein Leben lang,
und ich werde bleiben im Hause des Herrn immerdar.

(Bibeltext aus Lutherbibel 2017)

Gott ist unsere Zuflucht

Gott ist unsere Zuflucht

Meine Seele ist stille zu Gott, der mir hilft. Sei nur stille zu Gott, meine Seele; denn er ist meine Hoffnung.

Wir können nicht leben, ohne anderen Menschen zu vertrauen. Fast alle erweisen sich als vertrauenswürdig. Doch in Einzelfällen kommt es anders. Da ist einer, dem hätte ich mein Leben anvertraut, und dann tut er etwas, was ich ganz und gar nicht akzeptieren kann. Er überschreitet eine Grenze, er schadet einem anderen Menschen schwer. Oder: Es fällt mir jemand in den Rücken. Was für eine Enttäuschung! Das verunsichert mich total.

Da glaubt man die Menschen zu kennen und dann entwickelt sich in einer Menschengruppe eine ganz eigene Dynamik, eine Gruppe handelt, wie ich es nicht erwartet habe, nicht verstehe und auch nicht akzeptieren kann. Da macht sich fast schon Panik breit in mir, als ob Wellen über meinem Kopf zusammenschlagen. Ich bin unruhig.

Mein Leben, ich habe es bisher mit viel Hoffnung und Vertrauen gelebt. Ich war überzeugt, alles wird gut. Doch nun zieht es mir den Boden unter den Füßen weg. Wem kann ich noch vertrauen?

Die Psalmen des Alten Testaments sind eine Sammlung von Liedern und Gebeten. Viele sind mittlerweile rund 2500 Jahre alt, manche sind noch älter, manche etwas jünger. Allesamt wenden sie sich an Gott. Sie klagen Gott das Leid eines Einzelnen oder einer Gruppe, weil sie von Gott allein Hilfe erwarten und um seine Hilfe bitten. Sie loben Gott und danken ihm, weil sie seine Hilfe, seinen Beistand erfahren haben.

Viele Psalmen sind am Tempel im Gottesdienst genutzt worden, andere wurden dort als Dankesgabe abgelegt, weil der Beter erhört worden ist. Häufig wird eine bildhafte Sprache verwendet. Im Psalm 62 spricht der Beter von seinem Vertrauen zu Gott, er hat Hilfe erfahren und ist zuversichtlich, dass Gott ihm auch künftig helfen wird. In welcher Not er sich befindet, ist deutlich zu hören. Die Psalmen sind bis heute für uns als Gebet nachsprechbar, wenn uns die eigenen Worte fehlen.

Stille zu Gott

62 2 *Meine Seele ist stille*
zu Gott, der mir hilft.
3 *Denn er ist mein Fels, meine Hilfe, mein Schutz,*
dass ich gewiss nicht wanken werde.
4 Wie lange stellt ihr alle einem nach,
wollt alle ihn morden,
als wäre er eine hangende Wand
und eine rissige Mauer?
5 Sie denken nur, wie sie ihn von seiner Höhe stürzen,
sie haben Gefallen am Lügen;
mit dem Munde segnen sie,
aber im Herzen fluchen sie. SELA.

6 *Aber sei nur stille zu Gott, meine Seele;*
denn er ist meine Hoffnung.
7 *Er ist mein Fels, meine Hilfe und mein Schutz,*
dass ich nicht wanken werde.
8 Bei Gott ist mein Heil und meine Ehre, /
der Fels meiner Stärke,
meine Zuversicht ist bei Gott.
9 Hoffet auf ihn allezeit, liebe Leute, /
schüttet euer Herz vor ihm aus;
Gott ist unsre Zuversicht. SELA.

10 Aber Menschen sind ja nichts, große Leute täuschen auch;
sie wiegen weniger als nichts, so viel ihrer sind.
11 Verlasst euch nicht auf Gewalt
und setzt auf Raub nicht eitle Hoffnung;
fällt euch Reichtum zu,
so hängt euer Herz nicht daran.
12 Eines hat Gott geredet,
ein Zweifaches habe ich gehört:
Gott allein ist mächtig,
13 und du, Herr, bist gnädig;
denn du vergiltst einem jeden,
wie er's verdient hat.

(Bibeltext aus Lutherbibel 2017)

Weiter Himmel über dem versperrten Weg

Weiter Himmel über dem versperrten Weg

Hilfe für mich, die kommt vom HERRN!

Viele Menschen erleben auf ihrem Lebensweg Situationen, in denen sie sich – aus welchen Gründen auch immer – in die Enge oder gar in eine Sackgasse getrieben fühlen. Entweder geht es dann nur langsam und beschwerlich voran oder gar nicht, weil der eingeschlagene Weg an sein Ende kommt. Eine schnelle und konkrete Lösung für das Problem liegt in weiter Ferne, selbst dort, wo das Umfeld mit gut gemeinten Ratschlägen wie etwa »Das wird schon wieder, sollst mal sehen!« das Gegenteil behauptet. Ratlosigkeit, Hilflosigkeit, ja, Gefühle von Ohnmacht und Angst bis hin zur Lähmung greifen spürbar um sich. Der Körper krümmt sich, der Blick richtet sich zu Boden.

Auch die Beterin des 121. Psalms scheint sich auf der Pilgerreise ihres Lebens gerade in einer solchen Situation zu befinden. Eben noch hatte sie einen Lauf, jetzt ist dieser ins Stocken geraten. In einem schattig-kalten Tal sind die Aussichten für den weiteren Weg düster. Den Elementen der sie umgebenden Natur schutzlos ausgeliefert, fällt ihr ein, wessen Werk ebendiese Natur ist. Sie ist das Werk des schaffenden Gottes. Er hat auch ihr Leben gewollt und geschaffen. Diese Erkenntnis verändert ihre Situation nicht gänzlich und sofort, aber sie richtet ihren Körper auf, lenkt ihren Blick nach oben, vom Boden des finsteren Tals in den hellen, offenen und weiten Himmel.

Gott wacht über Israel

121

1 EIN LIED FÜR DIE PILGERREISE.

Ich schaue hoch zu den Bergen.
Woher kommt Hilfe für mich?
2 Hilfe für mich, die kommt vom Herrn!
Er hat Himmel und Erde gemacht.
3 Er lässt deinen Fuß nicht straucheln.
Der über dich wacht, schläft nicht.
4 Sieh doch: Der über Israel wacht,
der schläft und schlummert nicht.
5 Der Herr wacht über dich.
Der Herr ist dein Schutz,
er spendet Schatten an deiner Seite.
6 Am Tag wird dir die Sonne nicht schaden
und der Mond nicht in der Nacht.
7 Der Herr behütet dich vor allem Bösen.
Er wacht gewiss über dein Leben.
8 Der Herr behütet dein Gehen und Kommen
von heute an bis in alle Zukunft.

Zweisamkeit in der Einsamkeit

Zweisamkeit in der Einsamkeit

Selbst dort nimmst du mich an die Hand und legst deinen starken Arm um mich.

Immer mehr Menschen leben allein in einem Haushalt. Besonders für die älter werdenden und alt gewordenen unter ihnen bedeutet das Allein-Sein nicht selten zugleich Einsam-Sein. Die Dynamik kann sich noch verschärfen, wenn es aufgrund eingeschränkter Mobilität nicht mehr möglich ist, das Haus oder die Wohnung zu verlassen. Ebenso empfinden Betroffene ihr Einsam-Sein immer dann sehr stark, wenn Besuche oder das interessierte Nachfragen am Telefon ausbleiben. Das grübelnde Kreisen der Gedanken erfährt nun kaum noch Unterbrechungen, setzt sich bis in die tiefe Nacht hinein fort und raubt dabei Ruhe und Schlaf.

Der Beter des Psalms 139 benennt verschiedene Orte, an denen er sich allein aufgehalten hat. Er kennt Zeiten, in denen er sich einsam gefühlt hat. Aber zugleich weiß er von einem Gegenüber zu berichten, das sich seinem Bewusstsein in den Zeiten der Einsamkeit je neu und lebendig erschlossen hat: Gottes Geist. Dieser gute und lebendige Geist weht, wo er will, an allen Orten und zu allen Zeiten. Er beseelt die Menschen und beflügelt sie zu neuen Taten. Er ist denen nahe, die zerbrochenen Herzens sind. Und er ist es auch, der den Einsamen mit seiner Gegenwart umgibt.

Gott kennt mich

139 7 Wohin könnte ich gehen vor deinem Geist,
wohin fliehen vor deiner Gegenwart?
8 Würde ich in den Himmel steigen: Du bist dort.
Würde ich mich in der Unterwelt verstecken:
Dort bist du auch.
9 Würde ich hochfliegen, wo das Morgenrot leuchtet,
mich niederlassen, wo die Sonne im Meer versinkt:
10 Selbst dort nimmst du mich an die Hand
und legst deinen starken Arm um mich.
11 Da sagte ich: »Finsternis komme über mich!
Nacht soll mich umhüllen wie sonst das Licht!«
12 Doch für dich ist die Finsternis nicht finster,
und die Nacht leuchtet so hell wie der Tag:
Finsternis ist für dich wie das Licht.

Hoffnung trotz tiefster Not

Hoffnung trotz tiefster Not

Deshalb will ich in mich gehen und meine Hoffnung auf den HERRN setzen: Ja, seine Güte hört nicht auf. Sein Erbarmen hat noch lange kein Ende. Jeden Morgen erbarmt er sich von Neuem. Gott, deine Treue ist unfassbar groß.

Die Klagelieder wurden dem Propheten Jeremia zugeschrieben. Er hat sich, wie die Verfasser dieser Lieder, mit der Katastrophe der Zerstörung des Temples 578 v. Chr. befasst. Jeremia hat Krieg, Zerstörung und himmelschreiende Not noch selbst erlebt. Die Klagelieder sind der Nachhall allen Elends und aller Gewalt in einzelnen Zeugnissen und in der Anklage: Gott »hat mich vertrieben und weggeführt in die Finsternis und nicht ins Licht.« (V. 2) Klagelied 3 ist wohl erst einige Jahrzehnte später verfasst und hat dadurch einen Abstand zu dem Ereignis, das den Glauben an Gott in Israel grundsätzlich infrage stellte. Alles war verloren. Für Christinnen und Christen ist das nur vergleichbar mit dem Tod Jesu. Deshalb haben diese Lieder einen festen Platz in der jüdischen Gottesdienstliturgie am Gedenktag der Zerstörung des Tempels. Im Christentum fanden sie einen Platz in den Frühandachten an den drei Tagen vor Ostern.

Die Klagelieder stellen Fragen nach individueller und kollektiver Schuld und Verantwortung, nach der Rolle Gottes und dem Leid der Opfer und Täter. Klagelied 3 spitzt diese Fragen überzeitlich und individuell zu. Der zeitliche Abstand macht eine neue Perspektive möglich. Es ist eine neue Deutung Gottes, die den Blick der Angst öffnet auf die Zukunft. Das Kreisen der Gedanken um Leid, Not und Ungerechtigkeit wird unterbrochen durch die Erinnerung an Gott: Es macht ihm keine Freude (V. 33) und es gehört nicht zum Wesen Gottes, zornig zu sein.

»Denn ich bin Gott und nicht ein Mensch; ich, der heilige Gott, komme, um dir zu helfen, und nicht, um dich zu vernichten.« So hat es fünfhundert Jahre zuvor der Prophet Hosea geahnt (Hos 11,9b in der Übersetzung der Gute Nachricht Bibel). Hier bricht sich im Leid aller Opfer und Unterdrückten ein neues Gottesbild Bahn. Gott ist auf der Seite des Lebens und der Leidenden. Gottes Wirklichkeit ist Güte und Barmherzigkeit, die auch im tiefsten Leid tragen. Dieses Leid ist keine Strafe, sondern Gott will helfen, es zu überwinden, damit wir leben können. Das ist schmerzhaft, aber befreiend.

Gibt es noch Hoffnung?

Alphabetpsalm

3 15 Er machte mich satt mit bitteren Speisen,
er stillte meinen Durst mit saurem Wein.

16 Er ließ meine Zähne auf Granit beißen,
er trat mich nieder in den Staub.
17 Gott, du hast mir meinen Seelenfrieden genommen!
Ich habe vergessen, was Glück ist.
18 Da dachte ich: Meine Zeit ist vorbei!
Meine Hoffnung auf den HERRN ist dahin.

19 Der Gedanke an meine Not und Verlassenheit
macht mich bitter und vergiftet mein Leben.
20 Trotzdem muss ich ständig daran denken,
und das wühlt mich bis ins Innerste auf.
21 Deshalb will ich in mich gehen
und meine Hoffnung auf den HERRN setzen:

22 Ja, seine Güte hört nicht auf.
Sein Erbarmen hat noch lange kein Ende.
23 Jeden Morgen erbarmt er sich von Neuem.
Gott, deine Treue ist unfassbar groß.

31 Wenn der Herr einen Menschen verstößt,
dann verstößt er ihn nicht für immer.
32 Auch wenn er straft, erbarmt er sich wieder.
Unfassbar groß ist seine Güte.
33 Denn es bereitet ihm keine Freude,
die Menschen zu strafen und leiden zu sehen.

Hier und jetzt

Hier und jetzt

Für alles gibt es eine bestimmte Stunde. Und jedes Vorhaben unter dem Himmel hat seine Zeit.

»Kohelet war ein kluger Lehrer. Immer gab er sein Wissen an das Volk weiter. Er hörte und dichtete viele Sprichwörter und stellte sie zusammen.« (12,9) Kohelet wird auch als interkulturelles Buch gesehen, weil es Denkmuster und Erfahrungen aus Ägypten, Mesopotamien und Griechenland aufgenommen hat. Die Lehre der »Weisheit«, mit der er sich auseinandersetzt, wurde in Israel zur radikalen Kritik an der Tradition in schwierigen Zeiten.

Das dritte Jahrhundert vor Christus war geprägt von der Einführung der Geldwirtschaft, fortschreitender Ökonomisierung der Gesellschaft und politischen Umbrüchen. Wir denken heute an Globalisierung.

Es gibt nichts Neues unter Sonne. – Alles vergeblich. – »Alle Dinge sind im Fluss, doch kein Mensch kann sie in Worte fassen.« (1,8) – Erfahrungen, die wir im Leben auch machen können. Verschwörungstheorien kommen auf, einfache Erklärungen beruhigen. Kohelet aber tritt bescheidener auf. Im Fluss der Zeiten können wir viel nicht überblicken und oft nicht verstehen, was uns widerfährt. Wissen wir, warum wir krank werden, warum die einen im Krieg geboren werden, die anderen im Frieden?

Der Lehrende bettet diese Erfahrungen in einen steten Wechsel ein: Geburt und Sterben, Klagen und Tanzen, Einreißen und Aufbauen. Was ist, vergeht: Freunde und Leid, Krieg und Frieden. Das ist nüchterne Beobachtung dessen, was ist. Doch darin wird es radikale Aufklärung: Kritik an Korruption, Macht und Gewalt. Darin ist es dann auch tröstlich. »Das Ergebnis von allem ist: Gott hat die Menschen so geschaffen, dass sie ein gutes Leben führen können. Doch sie verlassen sich immer nur auf ihre eigenen Rechenkünste.« (7,29) Dabei lehrt Kohelet keine Resignation, sondern ein sich Kümmern um die eigenen und fremden Zeiten. Das Herz kann die Weisheit Gottes zum gelingenden Leben erspüren, sagt seine Erfahrung. Das ist Lebenskunst und sprichwörtliche Lebensweisheit. Der Sinn liegt in Freunde, Dankbarkeit und Verbundenheit – aber auch in Trauer und Erkenntnis, radikal im Hier und Jetzt. Bin ich ganz da, wird die Ewigkeit erfahren – und Sinn: Trotz allem rührt mein Herz ans Geheimnis.

Der Mensch im Wechsel der Zeiten

3 [1] Für alles gibt es eine bestimmte Stunde.
Und jedes Vorhaben unter dem Himmel hat seine Zeit:

[2] Eine Zeit für die Geburt
und eine Zeit für das Sterben.
Eine Zeit zum Pflanzen
und eine Zeit zum Ausreißen des Gepflanzten.
[3] Eine Zeit zum Töten
und eine Zeit zum Heilen.
Eine Zeit zum Einreißen
und eine Zeit zum Aufbauen.
[4] Eine Zeit zum Weinen
und eine Zeit zum Lachen.
Eine Zeit zum Klagen
und eine Zeit zum Tanzen.
[5] Eine Zeit, Steine wegzuwerfen,
und eine Zeit, Steine zu sammeln.
Eine Zeit, sich zu umarmen,
und eine Zeit, sich zu trennen.
[6] Eine Zeit zum Suchen
und eine Zeit zum Verlieren.
Eine Zeit zum Aufheben
und eine Zeit zum Wegwerfen.
[7] Eine Zeit zum Zerreißen
und eine Zeit zum Zusammennähen.
Eine Zeit zum Schweigen
und eine Zeit zum Reden.
[8] Eine Zeit zum Lieben
und eine Zeit zum Hassen.
Eine Zeit für den Krieg
und eine Zeit für den Frieden.

11 Alles hat er so gemacht,
dass es schön ist zu seiner Zeit.
Auch hat er ihnen ans Herz gelegt,
dass sie sich um die Zeiten bemühen.
Nur kann der Mensch das alles nicht begreifen,
was Gott von Anfang bis Ende tut.

13 Jeder Mensch soll essen, trinken und glücklich sein
als Ausgleich für seine ganze Arbeit.
Denn auch dies ist eine Gabe Gottes.

... verleiht Flügel

... verleiht Flügel

Er gibt dem Müden neue Kraft und macht den Schwachen wieder stark.

Manchmal wünscht man sich einen Schub zusätzlicher Energie. Zum Beispiel wenn nach einem anstrengenden Arbeitstag noch eine längere Autofahrt ansteht oder nach einer vollen Woche auch das Wochenende mit Terminen belegt ist. Dann ist das Energiegetränk willkommen, von dessen Wirkung der Hersteller verspricht, dass es Flügel verleiht. Ein Schluck aus der rotblauen Getränkedose und frische Energie steht zur Verfügung. Aber was ist, wenn die Ermüdung nicht von kurzer Dauer ist, sondern tiefer geht? Wenn ein überfordernder Alltag, ein leidvolles Erlebnis oder eine schwere Krankheit zu einer Erschöpfung führen, der mit ein paar Energiegetränken nicht beizukommen ist? Woher kommen neue Kraft und neue Stärke?

Mit dieser Frage sieht sich auch der Prophet Jesaja konfrontiert. Nach schweren kriegerischen Auseinandersetzungen hatte das mächtige babylonische Reich das Volk Israel unter seine Herrschaft gebracht und die junge Elite des Volkes ins Exil nach Babylonien geführt. Jahrzehnte später, als sich die Machtverhältnisse erneut geändert hatten, durften die Exilanten heimkehren. Doch dort stehen sie vor großen Herausforderungen: Die Hauptstadt Jerusalem ist noch nicht wieder aufgebaut und das Volk Israel wird von umliegenden Völkern bedrängt. Zweifel machen sich breit: Sieht Gott nicht, dass wir leiden? Bemerkt Gott nicht, dass uns Unrecht geschieht?

In diese Situation hinein spricht Jesaja eine Botschaft großer Zuversicht. Er richtet den Blick des erschöpften Volkes auf einen Gott, der als Schöpfergott Macht über die ganze Welt hat. Er ist überzeugt: Von diesem Gott ist Hilfe zu erwarten. Alle, die auf Gott hoffen, bekommen neue Kraft. Sie fliegen dahin wie Adler. Sie rennen und werden nicht matt, sie laufen und werden nicht müde.

Trägt dieser Zuspruch? Er trägt dazu bei, in Situationen großer Erschöpfung die Hoffnung nicht zu verlieren. Gott ist es nicht egal, wie es dem Menschen geht. In der Zuwendung durch Menschen, die Beistand und Begleitung anbieten, wird dieser Zuspruch erfahrbar.

Gott schenkt neue Kraft

40 [27] Wie kannst du da sagen, Jakob,
wie kannst du behaupten, Israel:
»Mein Weg ist dem HERRN verborgen!
Mein Gott bemerkt nicht, dass ich Unrecht leide!«
[28] Hast du's noch nicht begriffen?
Hast du es nicht gehört?
Der HERR ist Gott der ganzen Welt.
Er hat die Erde geschaffen
bis hin zu ihrem äußersten Rand.
Er wird nicht müde und nicht matt.
Keiner kann seine Gedanken erfassen.
[29] Er gibt dem Müden neue Kraft
und macht den Schwachen wieder stark.
[30] Junge Männer werden müde und matt,
starke Krieger straucheln und fallen.
[31] Aber alle, die auf den HERRN hoffen,
bekommen neue Kraft.
Sie fliegen dahin wie Adler.
Sie rennen und werden nicht matt,
sie laufen und werden nicht müde.

Was heißt hier Glück?

Was heißt hier Glück?

Glückselig sind die, die wissen, dass sie vor Gott arm sind. Denn ihnen gehört das Himmelreich. Glückselig sind die, die von Herzen freundlich sind. Denn sie werden die Erde als Erbe erhalten.

Es ist in unseren Zeiten oft schwer, freundlich zu bleiben. Menschen drängeln sich vor, halten keinen Abstand, meinen alles besser zu wissen, hören gar nicht zu oder werden grob. Kinder beanspruchen uns manchmal über die Geduld, wir erleben Andere als anstrengend. Wie soll ich da freundlich bleiben? Habe ich nicht meine eigenen Themen und Probleme? Leide ich nicht auch an der Welt, erlebe Ungerechtigkeit?

Genau dann, sagt Jesus, bin ich auf dem Weg zu Gott, zu dieser Wirklichkeit, die auch »Reich Gottes« heißt. Auf der Spur unserer Verletzungen und den Wunden der Welt kann sich diese neue Wirklichkeit erschließen. Nicht das Recht des Stärkeren, die Gesetzte des Marktes, der steigende Kurswert bestimmen da das Leben. Es gilt hier die Erfahrung, dass eine andere Welt möglich ist, deren Herzschlag Liebe ist. Das verändert die Perspektive.

Wenn ich weiß, wie schwer das ist, allein mit der Freundlichkeit, aber auch mit Trauer und Gerechtigkeit, Frieden im Kleinen und Großen, dann spüre ich: Ich bin arm vor Gott. Aber wenn ich empfindsam bleibe und einfühlsam, spürbereit und selbstkritisch, dann tue ich eine »Straßenkehrerarbeit«, die reinigt, wie Mahatma Gandhi sagte – aus Einsicht, nicht aus Zwang.

Martin Luther King kannte Jesu und Ghandis Worte und Wirken: Weltveränderung und Herzenswandel durch Gewaltfreiheit. Gandhi und King sahen beide: Diese Worte vom Glück sind das Herz der Erfahrung des jüdischen Lehrers Jesu.

Im Matthäusevangelium hat Jesus Christus sie auf einem Berg gesprochen, dem Ort der Gottesnähe. Zuerst zu den Jüngerinnen und Jüngern, heißt es. Ist es nur eine Lehre für Fortgeschrittene, eine Utopie fürs Kloster, religiöse Schwärmerei? Gandhi, Martin Luther King und viele andere bis hin zu Greta Thunberg und die alte Dame von nebenan – sie alle haben bewiesen, dass das nicht stimmt. Dieses Glück, das Richtige zu tun, das dem Leben und mir dient, ist universal. Dieses Glück, sich mit der liebenden Gegenwart zu verbinden und Neues zu schaffen, ist die Erfahrung des göttlichen Geistes im Hier und Jetzt.

5 1 Als Jesus die Volksmenge sah,
stieg er auf einen Berg.
Er setzte sich und seine Jünger kamen zu ihm.
2 Jesus begann zu reden und lehrte sie.

Wer glückselig ist (Die Seligpreisungen)

3 »Glückselig sind die, die wissen,
dass sie vor Gott arm sind.
Denn ihnen gehört das Himmelreich.
4 Glückselig sind die, die trauern.
Denn sie werden getröstet werden.
5 Glückselig sind die, die von Herzen freundlich sind.
Denn sie werden die Erde als Erbe erhalten.
6 Glückselig sind die, die hungern und dürsten
nach der Gerechtigkeit.
Denn sie werden satt werden.
7 Glückselig sind die, die barmherzig sind.
Denn sie werden barmherzig behandelt werden.
8 Glückselig sind die, die ein reines Herz haben.
Denn sie werden Gott sehen.
9 Glückselig sind die, die Frieden stiften.
Denn sie werden Kinder Gottes heißen.

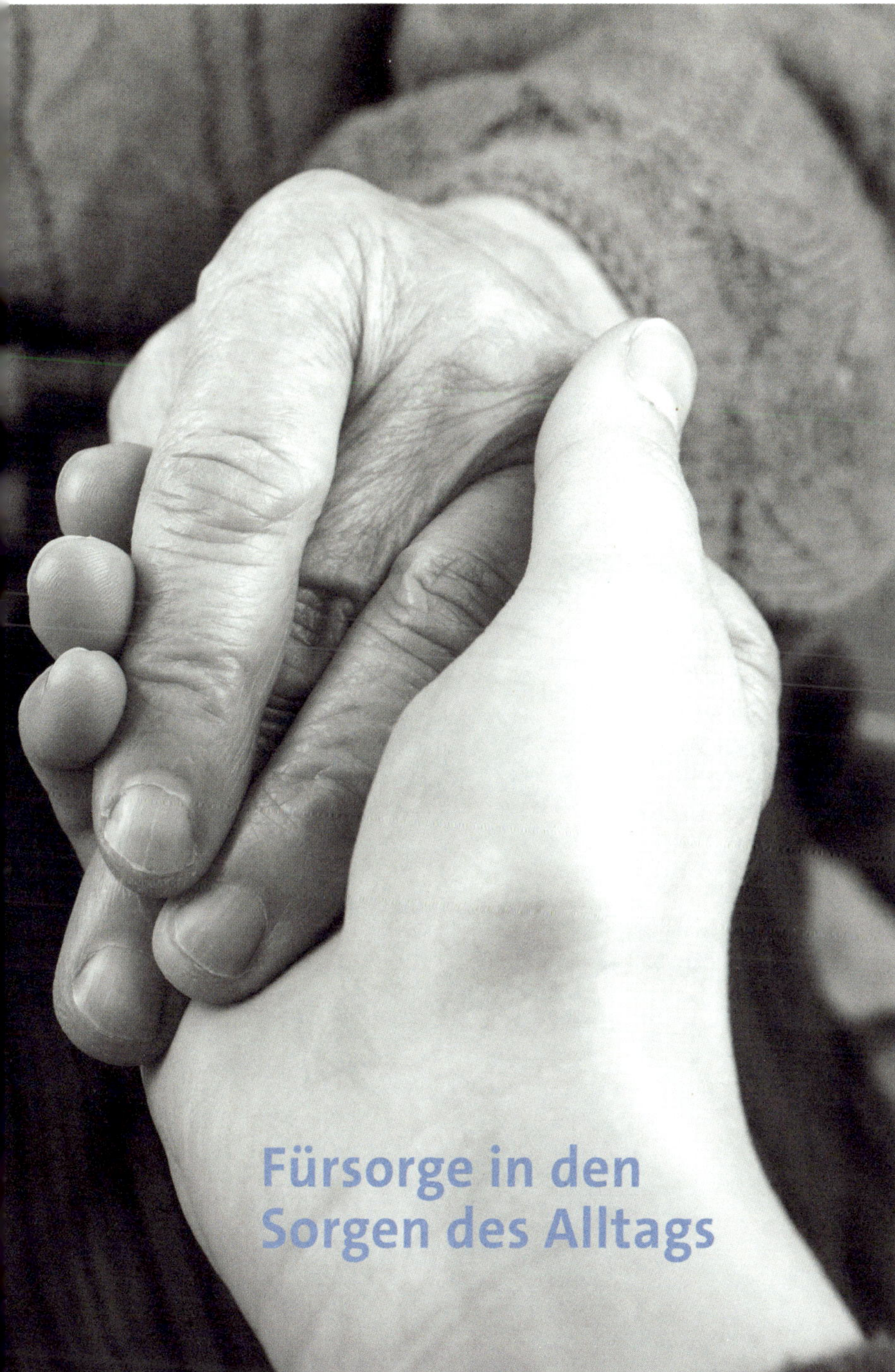

Fürsorge in den Sorgen des Alltags

Fürsorge in den Sorgen des Alltags

Macht euch also keine Sorgen um den kommenden Tag – der wird schon für sich selber sorgen. Es reicht, dass jeder Tag seine eigenen Schwierigkeiten hat.

Alle Menschen haben Grundbedürfnisse, die unbedingt gestillt werden müssen. So benötigen sie Nahrung, Kleidung und ein Dach über dem Kopf, um überleben zu können. Hinzu kommen die Bedürfnisse nach sozialer Nähe sowie nach Individualität und Selbstverwirklichung. Wenn eines dieser Bedürfnisse nicht gestillt wird, wirkt sich dies unmittelbar auf die Lebensqualität aus. Insofern ist die tägliche Sorge um Leib und Seele so verständlich wie notwendig. Doch es kann sein, dass die finanziellen oder personellen Mittel fehlen, um eines oder gar mehrere der Bedürfnisse zu stillen. Dann wächst die alltägliche Sorge so sehr, dass sie zu einer Belastung wird.

An diesem Punkt setzt der folgende Abschnitt aus der Bergpredigt ein. Darin greift Jesus die Sorge seiner Hörerinnen und Hörer um das alltägliche Leben und Überleben auf. Er ermutigt die Besorgten dazu, die begrenzten eigenen Möglichkeiten im Horizont der Fürsorge Gottes zu sehen und auf ihn und seine Möglichkeiten zu vertrauen. Im weiteren biblischen Zusammenhang ist dabei etwa an die Solidarität zu denken, zu der alle Menschen von ihrem Schöpfer aufgerufen werden und durch die Gott selbst unter den Menschen wirkt. So bedarf jeder der Fürsorge des Nächsten, aber jede hat dem Nächsten auch etwas zu geben. Wer sich in einer solidarischen Gemeinschaft aufgehoben weiß, wird frei dazu, vertrauensvoll im Hier und Jetzt zu leben und die Zukunft Schritt für Schritt zu bewältigen.

Worum man sich sorgen soll

6 [24]»Niemand kann gleichzeitig zwei Herren dienen!
Entweder wird er den einen hassen
und den anderen lieben.
Oder er wird dem einen treu sein
und den anderen verachten.
Ihr könnt nicht gleichzeitig Gott und dem Geld dienen!
[25]Darum sage ich euch:
Macht euch keine Sorgen um euer Leben –
was ihr essen oder trinken sollt,
oder um euren Körper – was ihr anziehen sollt.
Ist das Leben nicht mehr als Essen und Trinken?
Und ist der Körper nicht mehr als Kleidung?
[26]Seht euch die Vögel an!
Sie säen nicht, sie ernten nicht,
sie sammeln keine Vorräte in Scheunen.
Trotzdem ernährt sie euer Vater im Himmel.
Seid ihr nicht viel mehr wert als sie?

[27]Wer von euch kann dadurch,
dass er sich Sorgen macht,
sein Leben nur um eine Stunde verlängern?
[28]Und warum macht ihr euch Sorgen,
was ihr anziehen sollt?
Seht euch die Wiesenblumen an:
Sie wachsen, ohne zu arbeiten
und ohne sich Kleider zu machen.
[29]Ich sage euch:
Nicht einmal Salomo in all seiner Herrlichkeit
war so schön gekleidet wie eine von ihnen.

30 So schön macht Gott die Wiesenblumen.
Dabei gehen sie an einem Tag auf
und werden am nächsten Tag im Ofen verbrannt.
Darum wird er sich noch viel mehr um euch kümmern.
Ihr habt zu wenig Vertrauen!

31 Macht euch also keine Sorgen!
Fragt euch nicht: Was sollen wir essen?
Was sollen wir trinken? Was sollen wir anziehen?
32 Um all diese Dinge dreht sich das Leben der Heiden.
Euer Vater im Himmel weiß doch,
dass ihr das alles braucht.
33 Strebt vor allem anderen
nach seinem Reich und nach seiner Gerechtigkeit –
dann wird Gott euch auch das alles schenken.
34 Macht euch also keine Sorgen um den kommenden Tag –
der wird schon für sich selber sorgen.
Es reicht, dass jeder Tag
seine eigenen Schwierigkeiten hat.«

Ruhe im Sturm

Ruhe im Sturm

Jesus schlief hinten im Boot auf einem Kissen.

Seit jeher unterliegt das Leben der Menschen den witterungsbedingten Einflüssen der Natur, vor allem dort, wo es den Elementen schutzlos ausgeliefert ist, wie etwa auf See, in der Wüste oder in den Bergen. Zudem kommt es immer wieder zu Naturkatastrophen, deren furchtbare Auswirkungen Menschen als so großes Unglück erfahren, dass es sie in tiefe Verzweiflung stürzt. So war es nach dem Erdbeben im Indischen Ozean und den dadurch ausgelösten verheerenden Tsunamis am zweiten Weihnachtsfeiertag des Jahres 2004. Gegenwärtig erleben viele Menschen dies in besonderer Weise durch die todbringende Ausbreitung des Coronavirus und die damit verbundenen Einschränkungen des privaten und öffentlichen Lebens.

Im folgenden Text erleben die Jünger, wie ein Sturm ihre Reisepläne nicht nur durchkreuzt, sondern auch zur tödlichen Gefahr für ihr Leben wird. Während sie selbst im Boot auf dem aufgewühlten See große Furcht überkommt, schläft Jesus und scheint an seinem wie an ihrem Ergehen nicht interessiert zu sein. Zwar bedeutet der Schlaf einerseits den größtmöglichen Kontrollverlust, andererseits drückt sich darin aber auch großes Vertrauen aus. Schlafend vertraut Jesus darauf, dass sein Vater im Himmel über ihn wacht und auch in bedrohlichen Situationen für ihn sorgt. In diesem Gottvertrauen ruhend ist er zugleich frei, sich von den Seinigen wecken zu lassen und sich ihnen und ihrer Not zuzuwenden.

Im Sturm auf die Probe gestellt

4 35 Am Abend dieses Tages sagte Jesus zu seinen Jüngern:
»Wir wollen ans andere Ufer fahren.«
36 Sie ließen die Volksmenge zurück
und fuhren mit dem Boot los, in dem er saß.
Auch andere Boote fuhren mit.
37 Da kam ein starker Sturm auf.
Die Wellen schlugen ins Boot hinein,
sodass es schon vollief.
38 Jesus schlief hinten im Boot auf einem Kissen.
Seine Jünger weckten ihn und riefen: »Lehrer!
Macht es dir nichts aus, dass wir untergehen?«
39 Jesus stand auf, bedrohte den Wind
und sagte zum See: »Werde ruhig! Sei still!«
Da legte sich der Wind, und es wurde ganz still.
40 Jesus fragte die Jünger:
»Warum habt ihr solche Angst?
Habt ihr immer noch keinen Glauben?«
41 Aber die Jünger überkam große Furcht.
Sie fragten sich: »Wer ist er eigentlich?
Sogar der Wind und die Wellen gehorchen ihm!«

Heilung an Leib und Seele

Heilung an Leib und Seele

Tochter, dein Glaube hat dich gerettet. Geh in Frieden.

Frau zu sein ist bis heute in allen Gesellschaften der Welt immer noch schwierig. Manchmal sind die Probleme ganz offen und mit den Händen zu greifen, manchmal subtil. Eingeschränkte Mitsprache, einseitige Rollenbilder, Körper- und Schönheitsideale sind gesellschaftlich und psychisch tief verwurzelt. Die daran orientierten Werte und Verhaltensnormen machen krank. Damals und heute.

Jesus wird in den beiden Wundergeschichten als Arzt und Heiler angesprochen. Das Schicksal zweier Frauen ist erzählerisch in Gegensätzen miteinander verwoben: jung – erwachsen, reich – arm, mit Familie – allein, passiv – aktiv, resigniert – hoffend. Beide Leben verbindet die innere Zerrissenheit. Die Frau mit den starken Regelblutungen wagt sich aus der Isolation. Sie überschreitet ihre Rolle als Frau, berührt Jesus und wird endlich angesehen. Ihre ruinöse Odyssee von Arzt zu Arzt als chronisch Kranke hat ein Ende. Das ermöglicht, dass sie sich Jesus öffnet und alles erzählt: die Wahrheit ihres Lebens. Jesus eröffnet den heilenden Raum göttlicher Begegnung: »Tochter, dein Glaube hat dich gerettet.«

Das Mädchen dagegen kann nicht mehr kommen, sie ist wie tot. Sie ist nur des Vaters Tochter, ohne eigenen Namen. Ein Bild für eine junge Frau im heiratsfähigen Alter, die Angst vor dem Leben hat? Würde die Geschichte heute von einer Magersüchtigen handeln? Dazu schreibt Laura Jungk in ihrem Buch »Wie ich verschwand: Mein Weg aus der Magersucht«, wie ihr im Gespräch mit der Therapeutin klar wurde: »... mein Bemühen, meinen Vater stolz zu machen, und das Gefühl, nie gut genug zu sein, und der daraus entstandene Perfektionismus, meine Angst um meine Mutter, der es selbst nicht gut ging ... die Angst davor, erwachsen zu werden, meine Probleme damit, Gefühle zuzulassen ... Alles ergab langsam einen Sinn.«
Jesus macht beiden Frauen ein stabiles Beziehungsangebot, erkennt sie an und lässt die Rollen und Konventionen seiner Zeit in heilender, aber diskreter Nähe zurück. »Hab keine Angst! Glaube nur.« Auch der Vater wird damit aus seiner Angst erlöst. Jesus öffnet zur Kraft der Liebe, verbindet die Gegensätze zur Ganzheit. Jesus ermächtigt zur Eigenständigkeit in Beziehung. Ein Wunder bis heute.

Jesus heilt eine Frau und weckt ein Mädchen vom Tod auf

5 21 Jesus fuhr in dem Boot
zur anderen Seite des Sees zurück.
Dort versammelte sich eine große Volksmenge um ihn.
Als er noch am See war,
22 kam einer der Synagogenleiter dazu –
ein Mann namens Jairus.
Als er Jesus sah, warf er sich vor ihm nieder.
23 Er flehte ihn an:
»Meine kleine Tochter liegt im Sterben.
Bitte komm! Leg ihr die Hände auf,
damit sie gerettet wird und am Leben bleibt.«
24 Da ging Jesus mit Jairus.
Eine große Volksmenge folgte ihm und umdrängte ihn.

25 Unter den Leuten war auch eine Frau,
die seit zwölf Jahren an Blutungen litt.
26 Sie hatte bei vielen Ärzten viel durchgemacht
und alles dafür ausgegeben, was sie besaß.
Aber es hatte nichts genützt –
die Blutungen waren nur noch schlimmer geworden.
27 Die Frau hatte von Jesus gehört.
Sie drängte sich in der Volksmenge
von hinten an ihn heran und berührte seinen Mantel.
28 Denn sie sagte sich:
»Wenn ich nur seinen Mantel berühre,
werde ich gesund.«
29 Im selben Augenblick hörte die Blutung auf.
Sie spürte, dass sie von ihrem Leiden geheilt war.
30 Jesus merkte sofort,
dass Kraft von ihm ausgegangen war.
Er drehte sich in der Volksmenge um und fragte:
»Wer hat meinen Mantel berührt?«
31 Seine Jünger antworteten: »Du siehst doch,
wie die Volksmenge sich um dich drängt.
Und da fragst du: ›Wer hat mich berührt?‹«
32 Doch Jesus blickte sich um,
um zu sehen, wer ihn berührt hatte.
33 Aber die Frau fürchtete sich und zitterte.

Sie wusste ja, was mit ihr geschehen war.
Sie trat vor, warf sich vor ihm nieder
und erzählte ihm alles.
34 Er aber sagte zu ihr:
»Tochter, dein Glaube hat dich gerettet.
Geh in Frieden.
Du bist endgültig von deinem Leiden befreit.«

35 Während er noch redete,
kamen einige Leute aus dem Haus des Synagogenleiters.
Sie sagten: »Deine Tochter ist gestorben.
Wozu bemühst du den Lehrer noch?«
36 Aber Jesus hörte, was sie redeten.
Er sagte zu dem Synagogenleiter:
»Hab keine Angst! Glaube nur.«
37 Jesus ließ sonst niemanden mitkommen,
außer Petrus, Jakobus und Johannes,
den Bruder von Jakobus.
38 Als sie zum Haus des Synagogenleiters kamen,
sah Jesus die aufgeregten Menschen.
Sie weinten und klagten laut.
39 Jesus ging hinein und sagte zu ihnen:
»Warum seid ihr so aufgeregt? Warum weint ihr?
Das Kind ist nicht tot, es schläft nur.«
40 Da lachten sie ihn aus.
Aber er warf alle hinaus.
Er nahm nur den Vater des Kindes,
die Mutter und seine Jünger mit sich.
Sie gingen in den Raum, in dem das Kind lag.
41 Jesus nahm die Hand des Kindes
und sagte zu ihm: »Talita kum!«,
das heißt: Mädchen, ich sage dir: Steh auf!
42 Sofort stand das Mädchen auf
und ging einige Schritte umher.
Es war zwölf Jahre alt.
Da gerieten alle vor Staunen außer sich.
43 Jesus schärfte ihnen ein:
»Erzählt niemandem etwas davon.«
Dann sagte er: »Gebt dem Mädchen etwas zu essen.«

Von allen verlassen

Von allen verlassen

Mein Gott, mein Gott, warum hast du mich verlassen?

Im Markusevangelium findet sich der älteste Bericht über das Leiden und Sterben Jesu und seine Auferstehung. In Betanien salbt ihn eine Frau und tut ihm so etwas Gutes. Mit seinen Anhängern feiert er das Passafest, gibt ihnen Brot und den Becher mit Wein und sagt: Das ist mein Leib und mein Blut, für alle Menschen vergossen.
Im Garten Getsemani hat Jesus Angst vor dem, was kommt, und betet zu Gott: Wenn es möglich ist, so erspare mir mein Leiden, aber dein Wille geschehe, Gott. Im Anschluss wird Jesus verhaftet und ihm wird der Prozess gemacht. Vor dem jüdischen Rat bestätigt er, dass er Gottes Sohn ist. Dies, wie auch sein ganzes Handeln zuvor, ist für seine Gegner Gotteslästerung. Als Gottes Sohn hat er gewirkt. Den Gottfernen und Ausgestoßenen hat er in seinem Leben mit seinen Worten und Taten die Nähe Gottes als liebendem Vater gewährt. Der Provinzverwalter Pontius Pilatus verurteilt ihn schließlich zum Tod am Kreuz, weil das Volk dies so verlangt. Die Menschen beschimpfen Jesus, machen sich über ihn lustig, verhöhnen ihn, er solle sich doch selber helfen, anderen hätte er doch geholfen.
Viele Menschen dürfen alt und lebenssatt friedlich sterben. Doch es gibt auch ein anderes Sterben. Wenn ein Mensch aus der Lebensmitte gerissen wird durch eine schwere Krankheit oder einen Unfall. Wenn kleine Kinder ihren Vater sterben sehen. Wenn eine Mutter ihr sterbendes Kind in den Armen hält. Wenn ich in die Welt schaue und auf eine Geschichte von Krieg, Gewalt und Zerstörung blicke, wo ist in all diesem unfassbaren Leid Gott? Ist er da, obwohl ich ihn nicht entdecken kann? Könnte und müsste er dieses Leid dann nicht verhindern?
Angst, Verzweiflung und Hoffnungslosigkeit nehmen mich ganz gefangen. Ich verstumme oder ich möchte schreien wie Jesus am Kreuz: Warum hast du mich verlassen, mein Gott? In seiner Muttersprache Aramäisch schreit Jesu diese Worte heraus. Worte, die vor ihm der Beter des Psalms 22 verwendete. So bleibt Gott der Einzige, an den ich mich wenden kann in meiner Not.
Erst mit der Auferstehung Jesu von den Toten – also im Rückblick – zeigt sich, dass Gott auch im tiefsten Leid bei Jesus war. Auch wenn nicht einmal Jesus selbst dies in diesem Moment gespürt hat. So wissen auch wir oft nicht, warum ein Unglück geschieht, spüren Gott manchmal nicht bei uns. Dennoch können wir darauf vertrauen, dass Gott selbst in den dunkelsten Stunden bei uns ist. Selbst der Tod ist nicht gottlos. Der Tod ist der Übergang in ein neues, ewiges Leben. So verliert der Tod seinen Schrecken. So schrecklich wir den Tod auch erleben.

Jesus stirbt

15 [33] Es war die sechste Stunde,
da breitete sich Finsternis aus über das ganze Land.
Sie dauerte bis zur neunten Stunde.
[34] In der neunten Stunde schrie Jesus laut:
»Eloi, Eloi, lema sabachtani?« Das heißt übersetzt:
»Mein Gott, mein Gott, warum hast du mich verlassen?«
[35] Als sie das hörten,
sagten einige von denen, die dabeistanden:
»Habt ihr das gehört? Er ruft nach Elija.«
[36] Einer lief hin und tauchte einen Schwamm in Essig.
Den steckte er auf eine Stange
und hielt ihn Jesus zum Trinken hin.
Er sagte: »Lasst mich nur machen!
Wir wollen mal sehen,
ob Elija kommt und ihn herunterholt.«

[37] Aber Jesus schrie laut auf und starb.
[38] Da zerriss der Vorhang im Tempel
von oben bis unten in zwei Teile.

[39] Ein römischer Hauptmann stand gegenüber vom Kreuz.
Er sah genau, wie Jesus starb.
Da sagte er: »Dieser Mensch war wirklich Gottes Sohn!«

[40] Es waren auch Frauen da,
die aus der Ferne alles mit ansahen.
Unter ihnen waren Maria aus Magdala und Maria,
die Mutter von Jakobus dem Jüngeren und von Joses,
sowie Salome.
[41] Schon als Jesus in Galiläa war,
waren sie ihm gefolgt und hatten für ihn gesorgt.
Außer ihnen waren noch viele andere Frauen da,
die mit Jesus nach Jerusalem gezogen waren.

Leere und Licht

Leere und Licht

Ihr braucht nicht zu erschrecken. Ihr sucht Jesus aus Nazaret, der gekreuzigt worden ist. Gott hat ihn vom Tod auferweckt, er ist nicht hier.

»Wo ist mein Mann jetzt?« – »Glauben Sie, dass noch etwas kommt? Sie wissen es auch nicht, oder?« – »Dann ist Schluss. Ist in Ordnung, ich habe gelebt.« – »Ich freue mich, alle wiederzusehen.« – »Jesus hilft.« Stimmen Sterbender und Angehöriger. Was kommt nach dem Tod? Der Himmel? Wer hat sich das nicht gefragt? Aber der Himmel ist nicht mehr im Weltraum, das Jenseits unserer Erfahrung ereignet sich im Hier und Jetzt, in Leere und Licht unserer Verzweiflungen.

Das erste und älteste Evangelium bleibt karg und nüchtern bei der Erzählung von den Frauen am leeren Grab, die die ersten Zeuginnen der Auferstehung sind. Sie haben staatliche Gewalt und qualvolles Sterben erlebt. Und nun auch das noch: Der tote Jesus ist fort, stattdessen sitzt da eine Gestalt aus Licht. Es ist Leere im Grab und im Herzen. Darum folgt das Entsetzen und danach ein langes Verharren im geschlossenen Raum, so berichtet die Apostelgeschichte. So trauern wir erloschenen Hoffnungen nach und verstorbenen Lieben. Kein Grund zum Jubel, keine Perspektive. Sondern Angst und Zittern, Tränen und Geschrei. Eine Lebenswelt ist verschwunden. Da scheint es keine Perspektive zu geben, der Blick ist wie im Tunnel – gerichtet auf die Leere, die mich anstarrt. Dieser Mensch ist nicht mehr hier.

Vielleicht ist es die friedvolle Stille im Raum oder Worte, die erinnern. Denn Schwerkranke und Angehörige haben auch tröstliche Begegnungen zwischen Tag und Traum und sind befreit: Jesus, der Großvater, die Partnerin.

Auferstehung ist aber auch Aufstand und Widerstand für das Leben. Hans Scholl ließ vor seiner Hinrichtung aus dem 90. Psalm lesen. Es ist die Hoffnung auf dem Weg Jesu nach Galiläa, in die zerrissene Welt: »Da bist du, Gott, schon da gewesen, vom ersten Anfang bis in alle Zukunft. Du bringst die Menschen zurück zum Staub. Andere rufst du ins Leben und sprichst: Kommt zur Welt, ihr Menschenkinder!« (Psalm 90,2-3) Das gilt hier und jetzt und bis in alle Ewigkeit. In die Leere tritt das Licht. Die Augen werden geöffnet. Alles ist eins.

Die Frauen am leeren Grab

16 1 Als der Sabbat vorbei war, kauften Maria aus Magdala,
Maria, die Mutter von Jakobus,
und Salome wohlriechende Öle.
Sie wollten die Totensalbung vornehmen.
2 Ganz früh am ersten Wochentag kamen sie zum Grab.
Die Sonne ging gerade auf.
3 Unterwegs fragten sie sich:
»Wer kann uns den Stein vom Grabeingang wegrollen?«

4 Doch als sie zum Grab aufblickten, sahen sie,
dass der große, schwere Stein schon weggerollt war.
5 Sie gingen in die Grabkammer hinein.
Dort sahen sie einen jungen Mann.
Er saß auf der rechten Seite
und trug ein weißes Gewand.
Die Frauen erschraken sehr.

6 Aber er sagte zu ihnen:
»Ihr braucht nicht zu erschrecken!
Ihr sucht Jesus aus Nazaret, der gekreuzigt wurde.
Gott hat ihn von den Toten auferweckt,
er ist nicht hier.
Seht: Hier ist die Stelle, wo sie ihn hingelegt hatten.
7 Macht euch auf!
Sagt seinen Jüngern, besonders Petrus:
Jesus geht euch nach Galiläa voraus.
Dort werdet ihr ihn sehen, wie er es euch gesagt hat.«
8 Da flohen die Frauen aus dem Grab und liefen davon.
Sie zitterten vor Angst und sagten niemandem etwas,
so sehr fürchteten sie sich.

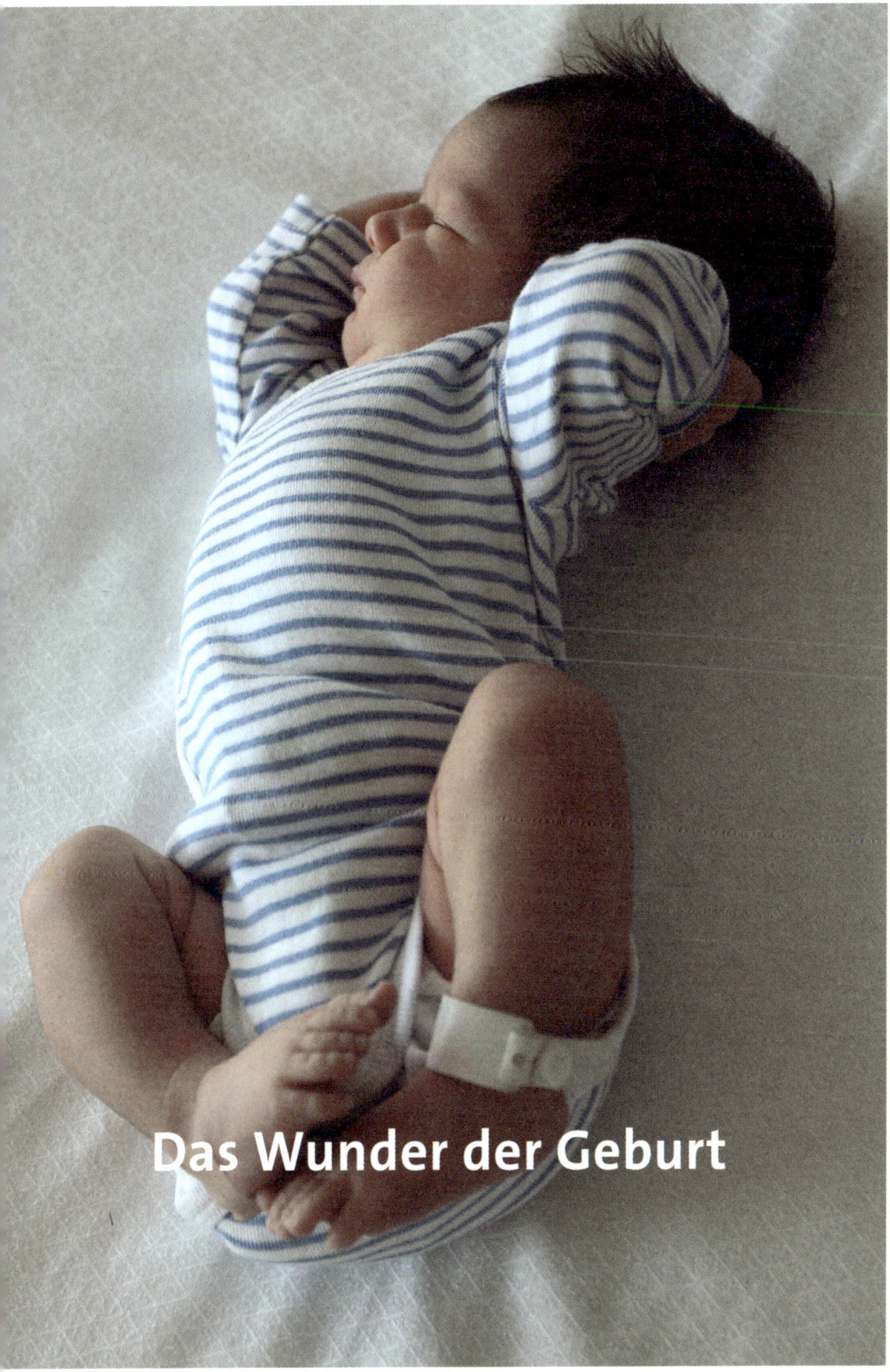
Das Wunder der Geburt

Das Wunder der Geburt

Alles in mir jubelt vor Freude.

»Wir erwarten unser Kind und können es kaum erwarten. Unsere Freude ist riesig«, höre ich von werdenden Eltern in der Frauenklinik. Mutter und Vater strahlen mich an und erzählen ihre ganz eigene Geschichte: von Jahren der Kinderlosigkeit, stiller Geburt und schließlich dem Gang ins Kinderwunschzentrum. Jetzt ist ihr Wunder zum Greifen nahe, nur einige Tage noch, dann wird die Wiege der Mittelpunkt des Hauses sein.
Ein Zimmer weiter ein junges Mädchen, das ernst aus dem Fenster sieht. »Als ich meine Schwangerschaft feststellte, war das ein Schock«, sagt sie. »Ich bin ziemlich auf mich gestellt, hatte Angst, es nicht zu schaffen. Als ich mein Kind dann das erste Mal spürte, habe ich mich so sehr gefreut und verbunden gefühlt. Heute habe ich Angst um mein Baby, weil so viele Komplikationen aufgetaucht sind. Ich hoffe, es geht alles gut.«

In einem Kind kommt Gott uns Menschen nahe. Der Evangelist Lukas beschreibt die Auswirkungen dieser Ankunft von Anfang an: Als die junge Maria während ihrer Schwangerschaft Elisabet besucht, die selbst mit Johannes dem Täufer schwanger ist, hüpft das Kind in Elisabets Bauch vor Freude. Die Welt steht Kopf, Oben und Unten sind vertauscht, Maria lobt Gott für dieses Wunder, ihre Seele jubelt. Schon im Mutterleib stellt Jesus die Ordnungen auf den Kopf. Weihnachten naht. Und mit jedem neugeborenen Kind ist es uns wieder nahe.

Maria besucht Elisabet

1 39 Bald danach machte sich Maria auf den Weg.
So schnell sie konnte, wanderte sie
zu einer Stadt im Bergland von Judäa.
40 Dort ging sie in das Haus von Zacharias
und begrüßte Elisabet.
41 Als Elisabet den Gruß von Maria hörte,
sprang das Kind vor Freude in ihrem Bauch.
Elisabet wurde vom Heiligen Geist erfüllt
42 und rief mit lauter Stimme:
»Gesegnet bist du unter allen Frauen
und gesegnet ist das Kind in deinem Bauch!
43 Wie komme ich zu der Ehre,
dass die Mutter meines Herrn mich besucht?
44 Als ich deinen Gruß hörte,
sprang das Kind vor Freude in meinem Bauch.
45 Glückselig bist du, denn du hast geglaubt:
Was der Herr versprochen hat, geht in Erfüllung.«

Maria lobt Gott

46 Da sagte Maria:
»Ich lobe den Herrn aus tiefstem Herzen.
47 Alles in mir jubelt vor Freude
über Gott, meinen Retter.
48 Denn er wendet sich mir zu,
obwohl ich nur seine unbedeutende Dienerin bin.
Von jetzt an werden mich alle Generationen
glückselig preisen.
49 Denn Gott, der mächtig ist, hat Großes an mir getan.
Sein Name ist heilig.
50 Er ist barmherzig zu denen, die ihm Ehre erweisen –
von Generation zu Generation.
51 Er hebt seinen starken Arm
und fegt die Überheblichen hinweg.

52 Er stürzt die Machthaber vom Thron
und hebt die Unbedeutenden empor.
53 Er füllt den Hungernden die Hände mit guten Gaben
und schickt die Reichen mit leeren Händen fort.
54 Er kommt seinem Diener Israel zu Hilfe
und erinnert sich an seine Barmherzigkeit.
55 So hat er es unseren Vorfahren versprochen:
Abraham und seinen Nachkommen für alle Zeit!«
56 Maria blieb etwa drei Monate bei Elisabet.
Dann kehrte sie nach Hause zurück.

Bist du bereit
für ein Wunder?

Bist du bereit für ein Wunder?

Der Engel sagte zu ihnen: »Fürchtet euch nicht!«

Die Erzählung von Jesu Geburt ist uns in dieser Form einzig im Lukasevangelium überliefert. Der Verfasser des Lukasevangeliums wollte die Geschichte von Jesus so schreiben, dass sie den Inhalt des christlichen Glaubens zuverlässig belegt. Vieles wurde nachträglich in die Erzählung hineingedeutet, so ist nicht die Rede von einer Herbergssuche, auch Ochs und Esel sind nicht erwähnt. Mittlerweile gehen wir davon aus, dass Jesus in Nazaret geboren wurde. Doch sollte Jesu Geburt in Betlehem seine Verbindung zum König David belegen, um zu beweisen, dass Gott treu ist und sich die alttestamentarische Weissagung erfüllt. Umso wichtiger ist es, auf den Kern der Geburtsgeschichte Jesu zu schauen. Jesus ist – wie ein jeder von uns – geboren worden, wo und in welchem Jahr ganz genau auch immer. Und in dieser Geburt kommt Gott uns ganz nah. Gott wendet sich den Menschen zu. Mehr noch: Gott selbst wird Mensch! Dies ist die Glaubenswahrheit, die über die Erzählung der Geburt Jesu hinausgeht. Gott selbst wird einer von uns. Als kleines, schwaches Kind wird er in einfache Verhältnisse hineingeboren. Er kommt – entgegen unserer menschlichen Vorstellung – gerade nicht als ein mächtiger, prunkvoller, reicher König. Hier deutet sich eine Umkehr der Verhältnisse an. Gott kommt als Kleiner, als Bruder und dies geschieht fast unbemerkt in der Stille. Wären da nicht die ersten Zeugen dieses Wunders. Und diese sind wiederum einfache Hirten, aus einfachsten Verhältnissen.

Da ist nichts Besonderes an ihnen, nichts, was sie aus der Masse hervorstechen lässt. Sie sind nicht besonders klug, reich oder gläubig. Keiner hat etwas Besonderes vollbracht. Manchmal, da fühlen sie sich ganz klein und unbedeutend. Sie leben ihr Leben, ihren Alltag. Vielleicht haben einige das Gefühl, im Einerlei des Alltags zu versinken. Manchen von ihnen drücken Sorgen und Angst vor dem Morgen, wie soll es nur weitergehen? Andere haben das Vertrauen ins Leben verloren. Das Herz ist schwer, wenn sie an das Gestern denken, vielleicht an das, was sie einem anderen schuldig geblieben sind. Wieder andere denken voller Schmerz an manchen Abschied, den sie nehmen mussten. Und nochmals andere begleitet die Furcht, nicht zu genügen. Oder die Furcht um die Gesundheit, um das Leben. So sitzen die Hirten beieinander. Jeder hängt seinen eigenen Gedanken nach, keiner hat sich besonders vorbereitet. Keiner hat eine Vorahnung gehabt. Und doch sind ausgerechnet die Hirten die Ersten, die diese frohe Botschaft hören dürfen. Zu ihnen tritt ein Engel des Herrn. Fürchtet euch nicht!

Jesus wird geboren

2 1 Zu derselben Zeit befahl Kaiser Augustus,
im ganzen Römischen Reich
eine Volkszählung durchzuführen.
2 Es war die erste Volkszählung. Sie fand statt,
als Quirinius römischer Statthalter in Syrien war.
3 Da machten sich alle auf,
um sich in die Steuerlisten eintragen zu lassen –
jeder in seine Heimatstadt.
4 Auch Josef ging von der Stadt Nazaret in Galiläa
nach Judäa.
Sein Ziel war die Stadt Betlehem, aus der David kam.
Denn er stammte von David ab.
5 In Betlehem wollte er sich eintragen lassen
zusammen mit Maria, seiner Verlobten.
Maria war schwanger.
6 Während sie dort waren, kam die Zeit der Geburt.
7 Maria brachte ihren ersten Sohn zur Welt.
Sie wickelte ihn in Windeln
und legte ihn in eine Futterkrippe.
Denn sie hatten in der Herberge keinen Platz gefunden.

Die Engel verkünden die Geburt von Jesus

8 In der Gegend von Betlehem waren Hirten
draußen auf den Feldern.
Sie hielten in der Nacht Wache bei ihrer Herde.
9 Auf einmal trat ein Engel des Herrn zu ihnen,
und die Herrlichkeit des Herrn umstrahlte sie.
Die Hirten erschraken und große Furcht erfasste sie.
10 Der Engel sagte zu ihnen: »Fürchtet euch nicht!
Hört doch: Ich bringe euch eine gute Nachricht,
die dem ganzen Volk große Freude bereiten wird.
11 Denn heute ist in der Stadt Davids
für euch der Retter geboren worden:
Er ist Christus, der Herr.

12 Und dies ist das Zeichen, an dem ihr das alles erkennt:
Ihr werdet ein neugeborenes Kind finden.
Es ist in Windeln gewickelt
und liegt in einer Futterkrippe.«
13 Plötzlich war der Engel umgeben
vom ganzen himmlischen Heer der Engel.
Die lobten Gott und riefen:
14 »Gottes Herrlichkeit erfüllt die Himmelshöhe!
Sein Friede kommt auf die Erde
zu den Menschen, denen er sich in Liebe zuwendet!«

Die Hirten kommen zu Jesus

15 Die Engel verließen die Hirten
und kehrten in den Himmel zurück.
Da sagten die Hirten zueinander:
»Kommt, wir gehen nach Betlehem!
Wir wollen sehen, was da geschehen ist
und was der Herr uns mitgeteilt hat!«
16 Die Hirten liefen hin, so schnell sie konnten.
Sie fanden Maria und Josef und das neugeborene Kind,
das in der Futterkrippe lag.
17 Als sie das sahen, erzählten sie,
was ihnen der Engel über dieses Kind gesagt hatte.
18 Alle, die es hörten, staunten über das,
was ihnen die Hirten berichteten.
19 Aber Maria merkte sich alle ihre Worte
und bewegte sie in ihrem Herzen.
20 Die Hirten kehrten wieder zurück.
Sie priesen und lobten Gott für das,
was sie gehört und gesehen hatten.
Es war alles genau so, wie es ihnen der Engel gesagt hatte.

Hingabe

Hingabe

Wem aber wenig vergeben wird, der zeigt auch wenig Liebe.

Meine jüngste Tochter ist 5 Jahre alt und definiert für mich das Wort Hingabe neu. Was sie tut, tut sie mit ganzem Herzen, mit voller Seele und auch mit Verstand. Unlängst hat sie sich in den Kopf gesetzt, alle Regenwürmer der Region zu retten. Runter von der Straße und hinein in die Erde. Andere Kinder lachen sie aus und argumentieren: »Das kannst du vergessen, die kriechen doch wieder auf die Straße und werden überfahren.« Meine Tochter macht weiter, stellt auf Durchzug und lässt sich nicht beirren. Ihr Fazit nach einer Woche: »Ich habe nicht alle gerettet, aber es reicht für den Winter.«

Was tun wir mit Hingabe? Ohne Berechnung und Kalkül, ohne Warten auf Effizienz, einfach, weil wir es tun müssen oder wollen? Unsere Hingabe zeigt unser Wesen. Das macht Jesus mir deutlich in der Geschichte von der mit Schuld beladenen Frau, die ihn salbt. Sie denkt nicht an sich, sie tut, was ihr Herz ihr sagt. Und das ist keineswegs ein Akt der romantischen Verklärtheit, sie handelt beherzt und konkret und verschwendet kostbares Öl und sich selbst. Ich denke an diese Geschichte, als mal wieder in der Gemeindesitzung argumentiert wird, von den Kosten des nächsten Oratorienkonzertes könnten viele diakonische Projekte unterstützt werden. Ob es denn nicht besser sei, der konkreten Not entgegenzutreten, als mit Tönen den Himmel zu preisen. Ich denke, Jesus hätte nichts gegen diese Konzerte und hingebungsvollen Ausgaben – gegen Menschen, die die Schönheit und die Kostbarkeiten des Lebens feiern. Es darf Hand in Hand gehen mit anderer konkreter menschlicher Hilfe.

Lieben kann, wem vergeben wird. Das ist vermutlich kein Zusammenhang, in dem wir täglich denken. Die Frau, die Jesus salbt, spürt, dass ihr vergeben ist – ganz und gar, mit Haut und Haar. All ihre Schuld und ihre Schuldgefühle, real, (un)berechtigt, in ihr geisternd, sind bei Jesus nicht wichtig. Er sieht sie und ihre Möglichkeiten, ihre Schönheit womöglich und ihre Verzweiflung. Und sie fließt über vor Liebe und verströmt sich. Bei wem zeige ich eine solche Hingabe? Bei den Menschen, die mich nicht verurteilen und richten, die mich sehen und schätzen, die mir immer wieder auch vergeben.

Der Pharisäer und die Sünderin

7 36 Einer der Pharisäer lud Jesus zum Essen ein.
Jesus ging in das Haus des Pharisäers
und legte sich zu Tisch.
37 In der Stadt lebte eine Frau,
die als Sünderin bekannt war.
Sie erfuhr,
dass Jesus im Haus des Pharisäers zu Gast war.
Mit einem Fläschchen voll kostbarem Salböl
ging sie dorthin.
38 Die Frau trat von hinten
an das Fußende des Polsters heran,
auf dem Jesus lag.
Sie weinte so sehr,
dass seine Füße von ihren Tränen nass wurden.
Mit ihrem Haar trocknete sie ihm die Füße,
küsste sie und salbte sie mit dem Öl.

39 Der Pharisäer, der Jesus eingeladen hatte,
beobachtete das alles und sagte sich:
»Wenn Jesus ein Prophet wäre,
müsste er doch wissen,
was für eine Frau ihn da berührt –
dass sie eine Sünderin ist.«
40 Da wandte sich Jesus an ihn und sagte:
»Simon, ich habe dir etwas zu sagen.«
Er antwortete: »Lehrer, sprich!«
41 Jesus sagte:
»Zwei Männer hatten Schulden bei einem Geldverleiher:
Der eine schuldete ihm fünfhundert Silberstücke,
der andere fünfzig.
42 Da sie es nicht zurückzahlen konnten,
schenkte er beiden das Geld.
Welcher von den beiden
wird den Geldverleiher dafür wohl mehr lieben?«

43 Simon antwortete: »Ich nehme an der,
dem der Geldverleiher mehr geschenkt hat.«
Da sagte Jesus zu ihm: »Du hast recht.«

44 Dann drehte er sich zu der Frau um
und sagte zu Simon: »Siehst du diese Frau?
Ich kam in dein Haus,
und du hast mir kein Wasser für die Füße gebracht.
Aber sie hat meine Füße mit ihren Tränen nass gemacht
und mit ihren Haaren getrocknet.
45 Du hast mir keinen Kuss zur Begrüßung gegeben.
Aber sie hat nicht aufgehört,
mir die Füße zu küssen, seit ich hier bin.
46 Du hast meinen Kopf nicht mit Öl gesalbt.
Aber sie hat meine Füße mit kostbarem Öl gesalbt.
47 Deshalb sage ich dir:
Ihre vielen Sünden sind ihr vergeben.
Darum hat sie so viel Liebe gezeigt.
Wem aber wenig vergeben wird,
der zeigt auch nur wenig Liebe.«
48 Dann sagte Jesus zu der Frau:
»Deine Sünden sind dir vergeben.«
49 Die anderen Gäste fragten sich:
»Wer ist dieser Mann, der sogar Sünden vergibt?«
50 Aber Jesus sagte zu der Frau:
»Dein Glaube hat dich gerettet. Geh in Frieden.«

Gedanken-los

Gedanken-los

Du bist so besorgt und machst dir Gedanken um so vieles.

Wie oft liegt man abends im Bett, wälzt sich hin und her, die Müdigkeit drückt auf die Augenlider und man kommt nicht in den Schlaf. Das Gedankenkarussell dreht sich unermüdlich und hüpft von einer Sorge zur nächsten. Das Leben ist herausfordernd und es ist nur gut und richtig, Lösungen für Probleme zu finden und Situationen zu bedenken, um sie angehen zu können. Und doch kann dies Grübeleien hervorbringen, die leider eher zu Panik als zu hilfreichen Ergebnissen führen. Da kann man sich wünschen, all die quälenden Gedanken los zu werden.

Maria gelingt diese Gedanken-los-igkeit ganz mühelos. Sie kümmert sich nicht um die Pflichten der Gastfreundschaft, die Mühen ihrer Schwester oder anstehende Termine und Aufgaben. Sie macht sich um all das keine Gedanken. Sie setzt sich zu Jesus und hört ihm zu. Ihre Schwester Marta hingegen kommt mit viel Mühe allen Aufgaben und Pflichten nach und kritisiert die Haltung ihrer Schwester.

Dieser bekannte Bibeltext verleitet dazu, Marta zu kritisieren und Maria zu loben, weil sie laut Jesus das Bessere gewählt hat. Die Bibel fordert aber auch zum Dienen auf – in Wort und Tat, an Gott, aber auch am Nächsten. Sich den Aufgaben zu widmen und tätige Liebe zu üben, ist nicht falsch, aber es kann ein schmaler Grat zwischen Aktionismus und Kontrolle einerseits und Gelassenheit und Vertrauen andererseits sein. Maria hat in diesem Moment erkannt, dass es wichtig ist, in Jesu Nähe auszuharren, seinen Worten zu lauschen und sich ihm zuzuwenden. Sie investiert in die Beziehung zu ihm und lässt sich von keinerlei Gedanken davon abbringen. Maria war gewiss auch pflichtbewusst und hätte sich in einer anderen Situation vielleicht anders entschieden, aber in diesem Moment war die Gegenwart Jesu das Wichtigste.

Vielleicht kann man die quälenden, von Grübelei geprägten Gedanken gerade dann loslassen, wenn man sich entscheidet, sich Gott zuzuwenden, auf sein Wort zu hören und die Sorge an ihn abzugeben. Dann kann es passieren, dass man nicht weiter von der Grübelei beherrscht ist, sondern von der Gegenwart Gottes und der Hoffnung auf ihn.

Jesus bei Maria und Marta

10 38 Als Jesus mit seinen Jüngern weiterzog,
kam er in ein Dorf.
Dort nahm ihn eine Frau als Gast bei sich auf.
Ihr Name war Marta.
39 Sie hatte eine Schwester, die Maria hieß.
Die setzte sich zu Füßen des Herrn nieder
und hörte ihm zu.
40 Aber Marta war ganz davon in Anspruch genommen,
sie zu bewirten.
Schließlich stellte sie sich vor Jesus hin und sagte:
»Herr, macht es dir nichts aus,
dass meine Schwester mich alles allein machen lässt?
Sag ihr doch, dass sie mir helfen soll!«
41 Aber der Herr antwortete:
»Marta, Marta! Du bist so besorgt
und machst dir Gedanken um so vieles.
42 Aber nur eines ist notwendig:
Maria hat das Bessere gewählt,
das wird ihr niemand mehr wegnehmen.«

Ich bin nicht wichtig – oder doch?

Ich bin nicht wichtig – oder doch?

Wird er nicht das verlorene Schaf suchen, bis er es findet?

Manchmal fühle ich mich ganz verloren und allein. Keiner scheint mich zu beachten. Niemand ist da, der mich fragt, wie es mir geht, und meine Antwort auf seine Frage auch tatsächlich hören will. Niemand ist da, der mich mal in den Arm nimmt und mich festhält. Alle anderen scheinen gemeinsam als Familie, als Freundeskreis, als Gruppe unterwegs zu sein. Nur ich bin allein, passe nicht zu den anderen. Ich scheine für keinen wichtig und richtig zu sein.

Am Lebensende oder wenn ich krank bin, kann dieses Gefühl noch stärker werden. Denn früher war das noch anders, da habe ich hart gearbeitet und für alle gesorgt. Da war ich stark und konnte geben. Doch nun bin ich schwach, ich brauche selber Hilfe, bin zu nichts mehr nütze, falle den anderen nur zur Last. Ich bin ersetzbar. Ich scheine für keinen mehr wichtig und richtig zu sein. Ich fühle mich wertlos und nicht beachtet. Ich selbst kann mir nicht helfen. Ich kann mich doch nicht an den eigenen Haaren aus diesem Sumpf ziehen, der mir mein Leben immer schwerer macht und mich immer weiter in die Tiefe zieht.

Lukas betont in seinem Evangelium immer wieder, dass Jesus sich besonders den Entrechteten, Verachteten und den sozial Schwachen und Ausgestoßenen zuwendet. So auch hier. Jesus wird vorgeworfen, dass er sich mit äußerst zweifelhaften Geschäftemachern abgibt und mit Menschen, die doch offensichtlich Gott aus dem Weg gehen. Jesus isst sogar mit solchen verlorenen Menschen zusammen. Die, die ihn dafür kritisieren, sind Experten im Glauben und Menschen, die viel tun, um Gott zu dienen.

Ihnen allen erzählt Jesus das Gleichnis vom Verlorenen Schaf. Das verlorene Schaf, der einzelne Mensch, tut nichts und kann auch nichts tun, um gefunden zu werden. Gott allein, der Hirte, handelt und sucht. Seine Freude ist riesig, wenn er das eine Schaf gefunden hat. Das Schaf, der Mensch, lässt sich finden, lässt sich Gottes Handeln gefallen, nimmt Gottes Liebe an und lässt Gott seinen Gott sein. Jeder einzelne ist wichtig und richtig, so wie er ist, und als Geschöpf Gottes unermesslich wertvoll.

Das Gleichnis vom verlorenen Schaf

15 1 Alle Zolleinnehmer und andere Leute,
die als Sünder galten,
kamen zu Jesus, um ihm zuzuhören.
2 Die Pharisäer und Schriftgelehrten
ärgerten sich darüber.
Sie sagten: »Mit solchen Menschen gibt er sich ab
und isst sogar mit ihnen!«
3 Da erzählte ihnen Jesus dieses Gleichnis:
4 »Was meint ihr: Einer von euch hat hundert Schafe
und verliert eines davon.
Wird er dann nicht die neunundneunzig Schafe
in der Wüste zurücklassen?
Wird er nicht das verlorene Schaf suchen,
bis er es findet?
5 Wenn er es gefunden hat, freut er sich sehr.
Er nimmt es auf seine Schultern
6 und trägt es nach Hause.
Dann ruft er seine Freunde und Nachbarn zusammen
und sagt zu ihnen: ›Freut euch mit mir!
Ich habe das Schaf wiedergefunden,
das ich verloren hatte.‹
7 Das sage ich euch:
Genauso freut sich Gott im Himmel
über einen Sünder, der sein Leben ändert.
Er freut sich mehr als über neunundneunzig Gerechte,
die es nicht nötig haben, ihr Leben zu ändern.«

Helfen und um Hilfe bitten

Helfen und um Hilfe bitten

Was willst du? Was soll ich für dich tun?

Mit dem Helfen ist das so eine Sache. »Dann sagte meine Freundin, sie wolle mir beim Aufhängen der Gardinen helfen, weil ich das ja mit meiner Krankheit nicht mehr kann«, erzählt mir eine Frau, »aber dann hängt sie alles so auf, wie SIE es für richtig hielt, und nicht, wie ich es gerne wollte. Das gab viel Unruhe und Ärger in unserer Beziehung.« Die Geschichte macht deutlich, warum es mit dem Helfen manchmal so schwierig ist. Wann bieten wir unsere Hilfe an und mit welchen Beweggründen helfen wir anderen? Es ist immer wieder gut, sich das zu fragen, weil Hilfe nur dann Hilfe ist, wenn sie den, der sie empfängt, mit seinen Wünschen hört und ernst nimmt.

Jesus begegnet einem Blinden. Da könnte man meinen, es sei offensichtlich, warum dieser nach ihm gerufen, ja geschrien hat. Aber Jesus will es von dem Mann selbst hören. »Was willst Du? Was soll ich für dich tun?«, fragt er den Blinden. Der Blinde sagt es und Jesus reagiert auf die Bitte des Mannes. Eine gelungene Hilfe.
Ich frage mich, ob ich meine Anliegen so klar formuliere. Gegenüber anderen Menschen, gegenüber mir selbst, gegenüber meinem Schöpfer. Und ich stelle fest, dass da einiges ist, was ich nicht zu fassen bekomme, Ziele, die zaghaft im Verborgenen schlummern. Immerhin: Wenn ich Freunden Hilfe anbiete, versuche ich, es so zu machen, wie sie es gemeint haben, nicht, wie ich es richtig finde. Ein Anfang. Auch ein Anfang in der Übung, Jesus um Hilfe zu bitten.

Jesus heilt einen Blinden

18 35 Als Jesus in die Nähe von Jericho kam,
saß ein Blinder am Weg und bettelte.
36 Er hörte, wie die Volksmenge an ihm vorbeiging,
und fragte: »Was ist denn los?«
37 Die Leute sagten zu ihm:
»Jesus von Nazaret kommt gerade hier vorbei.«
38 Da rief er laut:
»Jesus, du Sohn Davids, hab Erbarmen mit mir!«
39 Die Leute, die vor Jesus hergingen,
fuhren ihn an: »Sei still!«
Aber der Blinde schrie noch viel lauter:
»Sohn Davids, hab Erbarmen mit mir!«
40 Da blieb Jesus stehen und sagte: »Bringt ihn zu mir!«
Als der Blinde bei ihm war, fragte Jesus ihn:
41 »Was willst du? Was soll ich für dich tun?«
Der Blinde antwortete: »Herr, dass ich sehen kann!«
42 Jesus sagte zu ihm: »Du sollst sehen können!
Dein Glaube hat dich gerettet.«
43 Sofort konnte er sehen.
Er folgte Jesus und rühmte Gott.
Auch das ganze Volk, das alles miterlebt hatte,
lobte Gott.

Durst nach Leben, Sinn und Gottes neuer Welt

Durst nach Leben, Sinn und Gottes neuer Welt

Aber wer von dem Wasser trinkt, das ich ihm gebe, wird nie wieder Durst haben.

Ich bin dankbar, dass ich das Lebensnotwendige habe: das Brot und das Wasser, das Dach über dem Kopf. Und auch von dem Besonderen, was das Leben schön macht, habe ich genug. Ich weiß, das ist beides nicht selbstverständlich. Manchmal, da verfalle ich trotzdem einem allgemeinen Trend. Dem Trend der immer schnelleren Bedürfnisbefriedigung. Ich brauche immer mehr, und das immer schneller. Und dann merke und ahne ich wieder, dass ein neues Auto, ein teurer Urlaub, eine große Feier mich auch nicht zufriedener machen. Ich habe doch eigentlich alles, und doch bin ich nicht zufrieden.

Da ist eine andere Sehnsucht tief in mir: nach Leben, nach gelingendem Leben, nach Leben in Fülle, nach ewigem Leben. Was trägt mich? Wovon kann ich leben? Woraus beziehe ich meine Lebenskraft? Wo ist die Quelle, die mir mehr gibt als die tägliche Bedürfnisbefriedigung?

Das Johannesevangelium erzählt von einer Begegnung zwischen Jesus und einer Samariterin. Für Jesus ist Samarien fremdes Land. Er als Jude, als Mann, spricht eine samaritanische Frau an. Das war damals nicht üblich. Hier werden Grenzen von Herkunft, Geschlecht und Religion im gemeinsamen Gespräch überwunden. Die Samariter hatten sich von den Juden getrennt und einen eigenen Tempel auf dem Berg Garizim errichtet, außerdem sind für sie nur die fünf Bücher Mose heilige Schriften.

In der Begegnung Jesu mit dieser Frau kommt es beim Begriff des Wassers zunächst zu einem für das Johannesevangelium typischen, absichtlich formulierten Missverständnis. Der Mensch Jesus ist erschöpft und durstig. Er braucht Wasser. Doch Wasser ist mehr. Es bedeutet Leben, lebendiges Leben, sinnerfülltes Leben. Und das kann Jesus schenken. Auch hier wird eine Grenze überwunden zwischen unserem engen menschlichen Wirklichkeitsverständnis und der Wirklichkeit Gottes. Am Ende der Begegnung (Johannes 4,5-42) erkennt die Frau – und mit ihr viele Samariter –, dass Jesus der Retter der Welt ist. Wer an Jesus glaubt, wer glaubt, dass Jesus von Gott gesandt ist, der hat ewiges Leben.

Jesus bittet eine Samariterin um Wasser

4 5 Unterwegs kam er nach Sychar, einem Ort in Samarien.
In seiner Nähe liegt das Grundstück,
das Jakob einst seinem Sohn Josef vererbt hatte.
6 Dort befand sich der Jakobsbrunnen.
Jesus war müde von dem langen Weg
und setzte sich an den Brunnen.
Es war um die sechste Stunde.
7 Da kam eine Samariterin, um Wasser zu schöpfen.
Jesus bat sie: »Gib mir etwas zu trinken.«
8 Seine Jünger waren nämlich in den Ort gegangen,
um etwas zum Essen zu kaufen.
9 Da sagte die Samariterin zu ihm:
»Du bist ein Jude, und ich bin eine Samariterin.
Wie kannst du mich um etwas zu trinken bitten?«
Denn die Juden vermeiden jeden Umgang mit Samaritern.

Von Jesus kommt das Wasser des Lebens

10 Jesus antwortete: »Wenn du wüsstest,
was für ein Geschenk Gott den Menschen macht
und wer dich hier bittet: ›Gib mir etwas zu trinken‹! –
dann würdest du ihn bitten,
und er würde dir lebendiges Wasser geben!«
11 Die Frau erwiderte:
»Herr, du hast nichts, um Wasser zu schöpfen,
und der Brunnen ist tief.
Woher hast du denn dieses lebendige Wasser?
12 Bist du etwa mehr als unser Stammvater Jakob?
Er hat uns diesen Brunnen hinterlassen.
Er selbst hat daraus getrunken,
ebenso seine Söhne und sein Vieh.«

13 Darauf antwortete Jesus:
»Wer von diesem Wasser hier trinkt,
wird wieder Durst bekommen.
14 Aber wer von dem Wasser trinkt, das ich ihm gebe,
wird nie wieder Durst haben.
Denn das Wasser, das ich ihm geben werde,
wird in ihm zu einer Quelle werden:
Ihr Wasser fließt und fließt – bis ins ewige Leben.«
15 Da bat ihn die Frau:
»Herr, gib mir dieses Wasser!
Dann habe ich nie mehr Durst
und muss nicht mehr herkommen, um Wasser zu schöpfen.«

Leid und Liebe

Leid und Liebe

Aber die Hoffnung macht uns nicht zum Gespött. Denn Gott hat seine Liebe in unsere Herzen hineingegossen. Das ist durch den Heiligen Geist geschehen, den Gott uns geschenkt hat.

Wie können wir mit dem Leid des Lebens so umgehen, dass wir daran nicht zerbrechen? Diese Frage stellt sich irgendwann im Leben. »So unsicher und ohnmächtig, so ratlos und traurig«, schreibt eine Kommentatorin angesichts der Corona-Pandemie. »Manchmal ist es beruhigend zu wissen, dass man ein kleiner Teil von Milliarden ist. Milliarden mehr oder weniger trauriger, einsamer Menschen.« So geht es vielen in bedrängenden Lebenslagen.

Paulus schlägt eine andere Sicht der Dinge vor. Er war Zeuge, Mystiker und erster Denker und Schriftsteller des frühen Christentums. Polyglott aufgewachsen in Tarsus, studierte er in Jerusalem, reiste später durch die ganze Welt des Mittelmeeres von den Israeliten über die Kelten bis zu den Römern. Er ist Verfolger und Verfolgter, Schiffbrüchiger und Geretteter, Gefangener und Befreiter, Redner und Briefeschreiber, Pharisäer und Apostel, Jude und Römer, Suchender und Gefundener, Christ und Universalist – ein rastloser Befreiter auf dem Grund der Liebe Gottes.
Die Gnade ist die Erfahrung, sich getragen und angenommen zu fühlen von einer letzten Wirklichkeit. Gerechtfertigt, sagt Paulus dazu. Diese universale Verbundenheit lässt ihn – und uns – anders sehen. Leiden, standhalten, bewähren und hoffen. Der Text von Paulus ist eine Einführung, Schritt für Schritt anzunehmen, was ist.

Paulus ist uns Modernen nah, denn seine eigene Erfahrung führt ihn zum Projekt Gottes mit der Welt. Gottes Wirklichkeit ist neue Praxis von Freiheit und Gemeinschaft. Darin ist die Erfahrung von Leid nicht beendet, aber geborgen. Das Medium dieser Erfahrung ist der Geist Jesu, der Heilige Geist. So wächst aus gutem Umgang mit Leid die Gegenwart der Hoffnung. Sie hat teil am Ganzen: an der Erlösung der seufzenden Schöpfung wie der geknechteten Welt. Das alles beginnt mit der Einsicht des verfolgenden Aggressors Paulus, dass er anders sein kann, weil er angesprochen ist und kein Gespött. Diesen Frieden verdankt er Jesus Christus. Jesu Geist der Liebe erfüllt Paulus. Darin will er uns Zeuge und Zeitgenosse sein.

Mit Gott versöhnt aufgrund der Liebe Gottes

5 1 Weil wir also aufgrund des Glaubens gerecht sind,
haben wir Frieden, der auch bei Gott gilt.
Das verdanken wir unserem Herrn Jesus Christus.
2 Durch den Glauben hat er uns
den Zugang zur Gnade Gottes ermöglicht.
Sie ist der Grund, auf dem wir stehen.
Und wir dürfen stolz sein auf die sichere Hoffnung,
zur Herrlichkeit Gottes zu gelangen.
3 Aber nicht nur das.
Wir dürfen auch auf das stolz sein,
was wir gegenwärtig erleiden müssen.
Denn wir wissen:
Das Leid lehrt, standhaft zu bleiben.
4 Die Standhaftigkeit lehrt, sich zu bewähren.
Die Bewährung lehrt zu hoffen.
5 Aber die Hoffnung macht uns nicht zum Gespött.
Denn Gott hat seine Liebe
in unsere Herzen hineingegossen.
Das ist durch den Heiligen Geist geschehen,
den Gott uns geschenkt hat.

Zerbrechlichkeit und Stärke

Zerbrechlichkeit und Stärke

Wir stehen von allen Seiten unter Druck, aber wir werden nicht erdrückt. Wir sind ratlos, aber wir verzweifeln nicht.

In Krise und Krankheit wird uns bewusst, wie verletzlich wir Menschen sind. Technik und Konsum, stabile gesellschaftliche Verhältnisse und ein leistungsfähiges Gesundheitssystem sowie Heime und Hospize täuschen uns oft darüber hinweg. Dabei ist unsere Haut nicht nur empfänglich für Zärtlichkeit, wir sind auch dünnhäutig. Das Wunder unserer komplexen Zellstrukturen, unser Leib, ist verwundbar. Wir atmen und in uns leben Viren und Bakterien ohne Zahl. So sind wir verbunden im Atem und Austausch mit der ebenfalls verletzten Natur. Was wir Seele nennen, ist empfindsam, verbindet Zeiten und Welten, atmet von Mensch zu Mensch. So sind wir geschaffen, haben uns entwickelt in eine hohe Komplexität mit wachsendem Bewusstsein. Dieses Bewusstsein erweitert Paulus um die spirituelle Sicht des Ganzen.

Kosmos und Herz sind erleuchtet von Gottes Gegenwart. Das hat Paulus auf dem Weg nach Damaskus erlebt, als er auf den Erdboden stürzte und zugleich in den siebten Himmel gehoben wurde. Er ist erwacht in der Liebe Christi. Aus der Leere in die Fülle erstanden. Und doch empfindet er wieder den Stress der Verhältnisse: Konflikte und Missverständnisse, Konkurrenten und Neider, aber auch chronische Schmerzen und vielfach bedrohtes Leben.

Paulus erlebt sich darin in der Gleichzeitigkeit mit dem fortlebenden Christus. Das Auf und Ab des Lebens ist darin aufgehoben. Jesu Erfahrung macht uns resilient und verwundbar zugleich. Daraus erwächst die Kraft, standzuhalten und zu hoffen. Paulus findet jeden Tag neu zur Sinnfülle Jesu. Inmitten aller Stürme und Verletzlichkeiten tut sich innere Freiheit auf. Im Werk der Liebe kann er handlungsfähig und offen bleiben. »Christus in mir« ist eine Quelle der Kraft: Gott suchen, sich selbst finden. Die frühen Gemeinden bildeten damit eine andere Welt ab. Menschen erkannten einander, sahen sich an, streckten die Hand aus, waren gastfreundlich. Dafür machte sich Paulus wortreich stark. Brief für Brief: Damit Jesus erfahrbar wird und wir verbunden bleiben. Tag für Tag.

4 6 Gott hat einst gesagt:
»Aus der Dunkelheit soll ein Licht aufleuchten!«
Genauso hat er es in unseren Herzen hell werden lassen.
Durch uns sollte das Licht der Erkenntnis aufleuchten:
Die Herrlichkeit Gottes sollte sichtbar werden,
die uns in Jesus Christus begegnet.

Ein Schatz in zerbrechlichen Gefäßen

7 Wir tragen diesen Schatz aber
in zerbrechlichen Gefäßen.
So soll deutlich werden,
dass unsere übergroße Kraft von Gott kommt
und nicht aus uns selbst.
8 Wir stehen von allen Seiten unter Druck,
aber wir werden nicht erdrückt.
Wir sind ratlos, aber wir verzweifeln nicht.
9 Wir werden verfolgt,
aber wir sind nicht im Stich gelassen.
Wir werden zu Boden geworfen,
aber wir gehen nicht zugrunde.
10 Täglich erleben wir am eigenen Leib
etwas von dem Sterben, das Jesus erlitten hat.
Denn unser Leib soll auch das Leben zeigen,
zu dem Jesus auferstanden ist.
11 Durch unsere Verbundenheit mit Jesus
sind wir mitten im Leben ständig dem Tod ausgeliefert.
Denn an unserem sterblichen Leib
soll auch das Leben von Jesus sichtbar werden.

Kraft in der Schwäche

Kraft in der Schwäche

Du brauchst nicht mehr als meine Gnade. Denn meine Kraft kommt gerade in der Schwäche voll zur Geltung.

Es gibt unzählige Dinge, die einem Menschen seine Kraft rauben können: zu viel Arbeit, ein Streit, nicht enden wollende Grübeleien, fehlender Schlaf. In der Kombination können derlei Dinge an die Grenzen der Belastbarkeit führen. Selbst ein mehrwöchiger Urlaub reicht dann manchmal nicht mehr aus, um sich vollständig von den vielfältigen Belastungen zu erholen. Eine besondere Form der Schwächung empfinden Menschen, die unter einer chronischen Krankheit leiden. Sie geht nicht vorüber und erfordert alle seelischen Kräfte, um den oft schwierigen Alltag auf Dauer zu bewältigen. Dies führt kranke Menschen, aber auch diejenigen, die sie begleiten, häufig über die Grenzen ihrer Belastbarkeit hinaus.

Im folgenden Ausschnitt aus dem zweiten Brief an die Gemeinde in Korinth spricht der Apostel Paulus über seine eigenen Erfahrungen im Umgang mit Schwäche. Er empfindet diese Schwäche infolge einer nicht näher benannten, möglicherweise chronischen Erkrankung. Immer wieder hat er sich gewünscht und von Christus erbeten, frei zu werden von diesem Leiden, doch dieser habe ihm seinen Wunsch nicht erfüllt. Stattdessen habe er zu ihm gesagt: »Du brauchst nicht mehr als meine Gnade. Denn meine Kraft kommt gerade in der Schwäche voll zur Geltung.«

Für Paulus gibt es nichts Ermutigenderes, Kräftigenderes und Tröstlicheres als die Erfahrung, Christus und seine kraftvolle Gegenwart zu spüren. Sein persönliches Leiden ist dadurch nicht vorbei, aber er findet einen Weg, mit diesem zu leben.

Paulus ist stolz auf seine Schwäche

12 1 Ich muss mich selbst wohl noch mehr loben.
Es nützt zwar nichts,
trotzdem will ich auf Erscheinungen
und Offenbarungen des Herrn zu sprechen kommen.
2 Ich weiß von einem Menschen,
der zu Christus gehört.
Der wurde vor vierzehn Jahren
bis in den dritten Himmel emporgehoben.
Ich weiß nicht,
ob er sich dabei in seinem Körper befand.
Genauso wenig weiß ich,
ob er außerhalb seines Körpers war.
Gott allein weiß es!
3 Ich weiß auch nicht,
ob ihm das zusammen mit seinem Körper geschah
oder ohne seinen Körper.
Das weiß nur Gott allein.
4 Ich weiß aber,
dass er in das Paradies emporgehoben wurde.
Dort hörte er unsagbare Worte,
die kein Mensch aussprechen darf.
5 Im Hinblick auf diesen Menschen will ich mich loben.
Aber im Hinblick auf mich selbst
kann ich nur mit meiner Schwäche angeben.

6 Wenn ich mich allerdings tatsächlich loben wollte,
würde ich mich damit nicht zum Narren machen.
Denn ich würde einfach nur die Wahrheit sagen.
Ich verzichte aber darauf.
Denn man soll mich nur nach dem beurteilen,
was man direkt von mir sieht oder hört –
7 auch wenn diese Offenbarungen
wirklich außergewöhnlich sind.

Aber damit ich mir nichts darauf einbilde,
ließ Gott meinen Körper mit einem Stachel durchbohren.
Ein Engel des Satans darf mich mit Fäusten schlagen,
damit ich nicht überheblich werde.
8 Dreimal habe ich deswegen zum Herrn gebetet,
dass er ihn wegnimmt.
9 Aber der Herr hat zu mir gesagt:
»Du brauchst nicht mehr als meine Gnade.
Denn meine Kraft
kommt gerade in der Schwäche voll zur Geltung.«

Ich will also gern stolz auf meine Schwäche sein.
Dann kann sich an mir
die Kraft von Christus zeigen.
10 Deshalb freue ich mich über meine Schwäche –
über Misshandlung, Not, Verfolgung und Verzweiflung.
Ich erleide das alles gern wegen Christus.
Denn nur wenn ich schwach bin, bin ich wirklich stark.

Einander achten

Einander achten

Nicht Eigennutz oder Eitelkeit soll euer Handeln bestimmen. Sondern nehmt euch zurück und achtet den anderen höher als euch selbst. Seid nicht auf euren eigenen Vorteil aus, sondern auf den der anderen – und zwar jeder und jede von euch!

Auseinandersetzungen in Beziehungen, Konflikte in beruflichen Teams und Gremien, Kämpfe in der Gesellschaft – sie alle sind durch Aggressionen geprägt. Der soziale Zusammenhalt ist auf allen Ebenen des Lebens bedroht: durch die Angst, übergangen zu werden, die angenommene Vernichtung durch andere Meinungen und fremde Menschen, durch die Gefährdung des Wohlstands, durch Machtgefühle, Wut, Intoleranz. Wir leben in einer Welt im Umbruch: vom Klimawandel über das Ende der kolonialen und patriarchalen Vorherrschaft bis hin zur Neuschöpfung der Religionen. Alte Weltbilder vergehen. Das erzeugt Unsicherheit, Angst und die bange Frage, was kommt. Weder Macht noch Dominanz, weder Unterdrückung noch die Rückkehr zu alten Mustern helfen.

Paulus kannte das im Vielvölkerstaat des römischen Reiches. Gerade hatte mit dem entstehenden und sich vom Judentum lösenden Christentum die Revolution des antiken Weltbildes begonnen. Das war dem Visionär Paulus, der die alte Welt durchmaß, bewusst. Das neu erkannte Weltbild zur Begründung seiner radikalen Sozialethik ist hier Grundlage: das Christuslied. Wie sein eigenes Leben dem inneren und präsenten Christus entspringt, so soll es auch in der neuen Praxis der Gemeinden sein. Sie sind Vortrupp des Lebens, Kirche in der Kraft des Geistes. Sie sind die andere Welt, die möglich ist.

Die neue Grundlage gegen die Logik der alten, antiken Welt aus Trennung und Armut ist der Weg Jesu Christi. Die letzte Wirklichkeit der Welt wurde menschlich fassbar und aktiv an Leib und Seele. Einheit war plötzlich neu erfahrbar. Der Grund der Welt blickt uns an – bis heute. Wo menschliche Bestimmung sich erfüllt in Empathie und Achtung, in gegenseitiger Anerkennung und Veränderung, da lebt Christus. Paulus verschweigt nicht, dass es ein schmerzhafter Weg ist, überkreuz mit sich und der Welt, bevor die Gestalt aus dem Dunkel ins Licht ersteht. Gott sei Dank!

Ermahnung zu Einigkeit und gegenseitiger Liebe

2 1 Ich denke, das gibt es bei euch:
das mahnende Wort im Auftrag von Christus
und die Ermutigung durch die Liebe.
Dazu kommen die Gemeinschaft durch den Heiligen Geist
sowie Zuneigung und Barmherzigkeit.
2 Macht also meine Freude vollkommen
und seid euch einig.
Seid miteinander verbunden durch dieselbe Liebe,
und strebt einmütig dasselbe Ziel an.
3 Nicht Eigennutz oder Eitelkeit
soll euer Handeln bestimmen.
Vielmehr achtet in Demut den anderen
höher als euch selbst.
4 Seid nicht auf euren eigenen Vorteil aus,
sondern auf den der anderen –
und zwar jeder und jede von euch!
5 Denkt im Umgang miteinander immer daran,
was in der Gemeinschaft mit Christus Jesus gilt:

Das Christuslied: Jesus als Vorbild für die Gemeinde euch!

6 Er war von göttlicher Gestalt.
Aber er hielt nicht daran fest,
Gott gleich zu sein –
so wie ein Dieb an seiner Beute.
7 Er legte die göttliche Gestalt ab
und nahm die eines Knechtes an.
Er wurde in allem den Menschen gleich.
In jeder Hinsicht war er wie ein Mensch.
8 Er erniedrigte sich selbst
und war gehorsam bis in den Tod –
ja, bis in den Tod am Kreuz.

9 Deshalb hat Gott ihn hoch erhöht:
Er hat ihm den Namen verliehen,
der hoch über allen Namen steht.

10 Denn vor dem Namen von Jesus
soll sich jedes Knie beugen –
im Himmel, auf der Erde und unter der Erde.
11 Und jede Zunge soll bekennen:
»Jesus Christus ist der Herr!«
Das geschieht zur Ehre Gotwwtes, des Vaters.

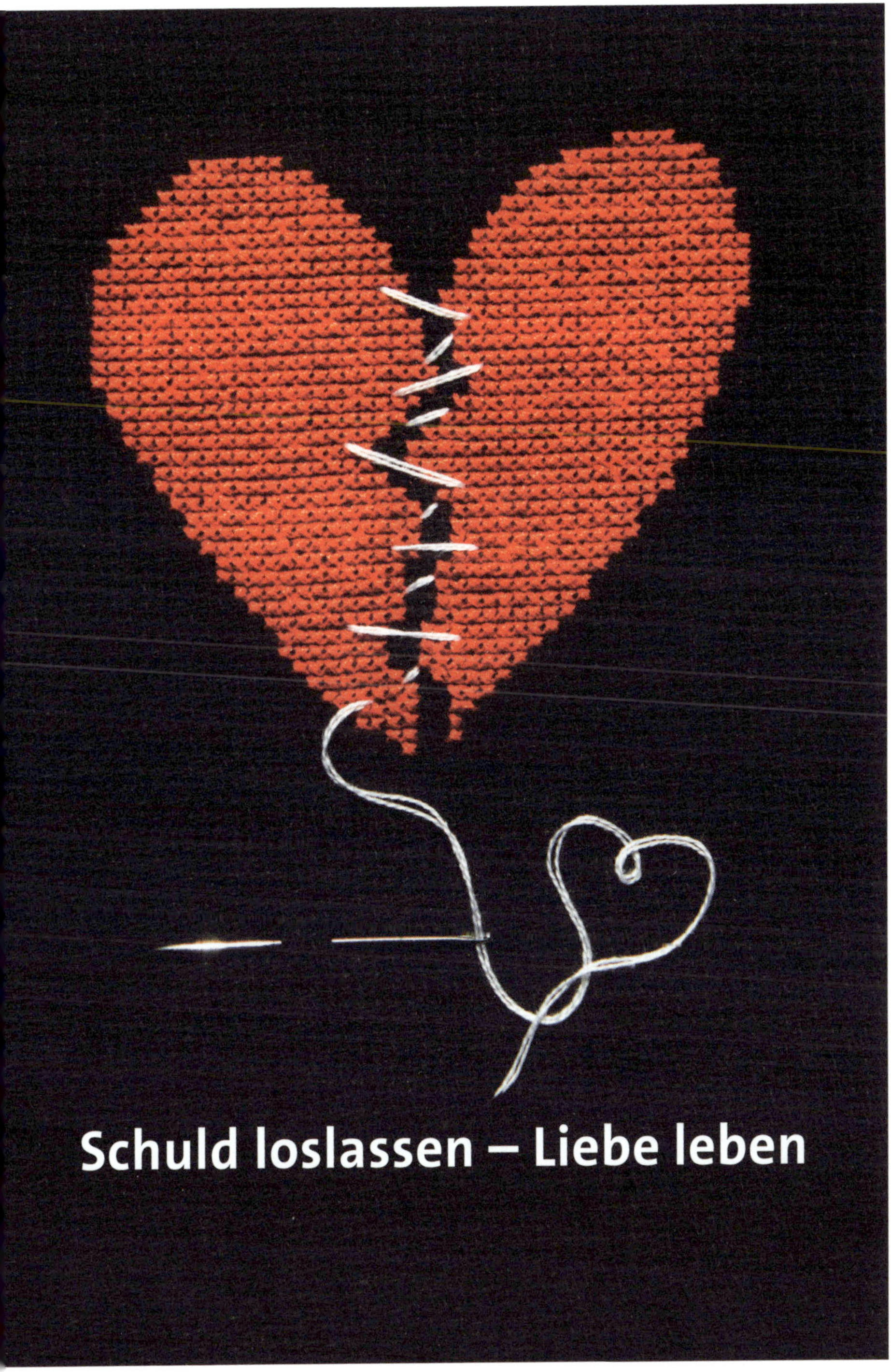
Schuld loslassen – Liebe leben

Schuld loslassen – Liebe leben

Auch wenn unser eigenes Herz uns anklagt, ist Gott größer als unser Herz.

Oft genug geht es in kritischen Situationen um die Frage der Schuld. Wir Menschen wollen verstehen, warum etwas aus den Fugen gerät und warum gerade wir davon betroffen sind. Nicht selten wird die Schuld bei sich selbstgesucht. »Ich bin selber schuld, ich habe zu ungesund gelebt«, heißt es dann. Oder die Schuld ist fassbar, wie beispielsweise bei einem Unfall, der durch Unachtsamkeit verursacht wurde. »Wie soll ich damit leben?«, werde ich dann oft als Seelsorgerin gefragt.

Schuld verjährt nicht, sie bleibt Teil der Geschichte. Schuld kann aber gemeinsam »getragen«, und das heißt dann aus der Mitte der Beziehung herausgetragen werden, um so überhaupt wieder Beziehung zu ermöglichen.

Jede Schuld tangiert auch unser Gottesverhältnis, wenn wir Menschen uns untereinander nicht verurteilen und richten wollen. Der 1. Johannesbrief weiß darum, dass Gott größer ist als unser Herz und damit um die befreiende, erlösende Kraft, Selbstanklage und Schuld abzugeben und Zuspruch zu spüren. So befreit können wir uns zur Liebe rufen lassen, zu einer Liebe mit Hand und Fuß, die Körper und Seele guttut.

Wer liebt, bleibt mit Gott verbunden

3 18 Ihr Kinder, lasst uns einander lieben:
nicht mit leeren Worten und schönen Reden,
sondern mit tatkräftiger und wahrer Liebe.
19 Wir werden erkennen,
dass die Wahrheit wirklich unser Leben bestimmt.
Und wir können vor Gott unser Herz beruhigen.
20 Auch wenn unser eigenes Herz uns anklagt,
ist Gott größer als unser Herz,
Denn er kennt uns durch und durch.

21 Ihr Lieben,
wenn unser Herz uns dann nicht mehr anklagt,
können wir uns voller Zuversicht an Gott wenden.
22 Wir bekommen von ihm, worum wir bitten.
Denn wir halten seine Gebote
und tun, was ihm gefällt.
23 Und das ist sein Gebot:
Wir sollen an seinen Sohn Jesus Christus glauben
und einander lieben, wie er es uns geboten hat.
24 Wer seine Gebote hält, bleibt mit Gott verbunden,
und Gott bleibt mit ihm verbunden.
An dem Geist, den er uns gegeben hat,
erkennen wir: Gott bleibt mit uns verbunden.

Trost in der Traurigkeit

Trost in der Traurigkeit

Er wird jede Träne abwischen von ihren Augen.

In der Regel erleben Menschen auf dem Weg durch das Leben viele Momente und Situationen, in denen sie traurig sind: eine verpasste Chance in beruflicher Hinsicht oder das Ende einer Liebe, die Erfahrung von Krankheit und Schmerz oder eine Zeit der Einsamkeit. Eine besondere Form der Traurigkeit ist die Trauer nach dem Verlust eines nahestehenden Menschen. Je nachdem, welcher Mensch hier trauert und wie sich die Beziehung zwischen dem Verstorbenen und der Trauernden gestaltete, führt die Trauer so unterschiedliche Emotionen mit sich wie Freude über das gemeinsam Erlebte und Dankbarkeit dafür, aber zuweilen auch Wut und Ärger, wenn das Verhältnis eher schwierig war.

Der folgende Text aus dem vorletzten Kapitel des Neuen Testaments greift die Erfahrungen von Trauer und Schmerz in der Weise auf, dass er ihnen die Vision von einer neuen Schöpfung gegenüberstellt: Gott wird den Menschen nahe sein und ihnen ihre Tränen abwischen. Dabei vertröstet der Autor die traurigen Menschen mit seiner Vision nicht auf das Jenseits. Vielmehr entfaltet die Vision von einem neuen Himmel und einer neuen Erde ihre Kraft in der Gegenwart. Sie stärkt die Hoffnung der Menschen für ihr Leben im Hier und Jetzt und verleiht ihnen Mut und Kraft, ihre Trauer zu durchleben und darin wirklichen Trost zu finden.

Der neue Himmel und die neue Erde

21 [1] Dann sah ich einen neuen Himmel
und eine neue Erde.
Denn der erste Himmel und die erste Erde
sind vergangen,
und das Meer ist nicht mehr da.
[2] Und ich sah die heilige Stadt: das neue Jerusalem.
Sie kam von Gott aus dem Himmel herab –
für die Hochzeit bereit wie eine Braut,
die sich für ihren Mann geschmückt hat.
[3] Und ich hörte eine laute Stimme vom Thron her rufen:
»Sieh her: Gottes Wohnung ist bei den Menschen!
Er wird bei ihnen wohnen,
und sie werden seine Völker sein.
Gott selbst wird als ihr Gott bei ihnen sein.
[4] Er wird jede Träne abwischen von ihren Augen.
Es wird keinen Tod und keine Trauer mehr geben,
kein Klagegeschrei und keinen Schmerz.
Denn was früher war, ist vergangen.«

Autorinnen und Autoren

Thomas Dreher, geb. 1960 in Tübingen, Studium der Theologie in Bethel, Hamburg und Philadelphia. Langjährige Tätigkeit im Gemeindepfarramt. Ausbildung in tiefenpsychologisch fundierter Psychotherapie und seit zwölf Jahren in der Krankenhausseelsorge tätig.
Texte zu: 2. Mose/Exodus 14,10-14; Psalm 22,1.15.16.20-22; Kohelet/Prediger 3,1-8. 11.13; Klagelieder 3,17-26; Matthäus 9,1-10; Markus 5,21-43; Markus 16,1-8; Römer 5,1-5; 2. Korinther 4,6-11; Philipper 2,1-11

Imke Hinrichs, Pfarrerin in der Evangelisch-Lutherischen Kirche in Oldenburg, Krankenhausseelsorgerin im Klinikum Oldenburg mit den Schwerpunkten musikgestützte und körperorientierte Seelsorge
Texte zu: 4. Mose/Numeri 22,22-28a.30-32; 1. Könige 19,9-18; Psalm 23; Lukas 1,46-56; Lukas 7,36-50; Lukas 18,35-43; 1. Johannes 3,18-24

Michael Jahnke, geb. 1967 am Niederrhein, Studium der Erziehungswissenschaften in Köln, seit 2017 bei der Deutschen Bibelgesellschaft tätig, aktuell Verantwortung im Bereich Bibelprogramm mit dem Schwerpunkt Religionspädagogik und Bibeldidaktik
Texte zu: Josua 1,1-9; Jesaja 40,27-31

Simon Paschen, geb. 1980, verheiratet. Pastor der Ev.-Luth. Kirche in Norddeutschland und Supervisor i. A. (DGfP/KSA). Seelsorger in der Asklepios Klinik Barmbek und Kursleiter in der Arbeitsstelle Klinische Seelsorge-Ausbildung für ehrenamtliche Seelsorge in St. Georg.
Texte zu: 1. Mose/Genesis 16,1-16; 1. Könige 19,1-8; Psalm 121,1-8; Psalm 139,7-12; Matthäus 6,24-34; Markus 4,35-41; 2. Korinther 12,1-10; Offenbarung 21,1-4

Elisabeth Pfeiffer, geb. 1987, verheiratet. Theologiestudium in Berlin, Jena und Tübingen. Pfarrerin der Evangelischen Landeskirche in Württemberg. Referentin für Bibelprojekte bei der Deutschen Bibelgesellschaft in Stuttgart. Seit 2021 Theologische Leiterin des Marienstifts Arnstadt.
Texte zu: 2. Mose/Exodus 16,1-18
2. Könige 20,1-11; Lukas 10,38-42

Elke Rathert, geb. 1971, verheiratet, Mutter von vier Kindern, Theologiestudium in Göttingen und Basel, Pfarrerin der ev.-luth. Landeskirche Braunschweig, Gemeindepfarrerin in Wolfenbüttel und Braunschweig, seit 2015 Krankenhausseelsorgerin in Braunschweig
Texte zu: Hiob 19,1-14.17-29 + 42,1-7.10; Psalm 62,2-13; Markus 15,33-41;
Lukas 2,1-20; Lukas 15,1-7; Johannes 4,5-15